運をつかむ
心のほぐし方

宍野 史和

運をつかむ心のほぐし方 ——目次

第1章 大谷翔平のホームランに嫉妬する人はいない

第2章

今必要なことは、それほど多くない

第3章

死をどう受け止めればいいのか

第6章

富士山信仰とは何か

まえがき

令和の時代になってからというもの、人々の生活を一変させるような出来事が世界中で立て続けに起きています。

２０１９年の年末に中国の武漢で第一例目の感染者が報告された新型コロナウイルスですが、まさかここまで世界中を混乱させるウイルスだとは思いもしませんでした。

世界では様々な紛争が現在進行形で起きていますが、ロシアがウクライナに侵攻し、「戦争」と呼ばれるものが勃発してしまいました。物流など世界経済へ大きな影響を与え、日本も極度の円安に見舞われています。

私が思うに、今になって資本主義経済の限界が見えてきたということです。「新世界秩序」なるものが唱えられ始めてからおよそ百年が経過しています。百年間続いたひとつの時代の限界を、ここ数年で強く感じています。

この百年で起きた世界の変化をひとつの言葉で言い表すなら、それは「合理化」ではないでしょうか。資本主義経済という弱肉強食の世界で限りなく合理化が進み、あらゆるものが一極集中状態になっています。さらにＡＩ技術の進化・浸透がその状況に拍車をかけていくことでしょう。

では、そんな合理化の行き着いた先で何が起きるか。

それは、非合理的なものが最後に残り、その価値を上げていくということではないでしょうか。

たとえば芸術。ＹｏｕＴｕｂｅやＳＮＳなどの隆盛で、どこにいても世界中のあらゆる音楽が観賞できる一方で、人が奏でるライブのピアノの演奏をわざわざホールにまで足を運んで耳を傾ける。ＡＩに言わせてみたら、この上なく非合理的な行動でしょう。

ほかにも都心ではめっきりなくなってしまった「ご近所付き合い」、私の専門である「信仰」もいたって非合理的なものです。しかし、私たちはロボットではありません。そういった非合理的なものこそが、人間性を担保する最後の砦になるのではないでしょうか。

そこに、資産的価値はないかもしれません。となると、今度はこれまで資産的価値だと言われていたものの概念が崩れてくる可能性があります。

これまで世の中から「おまえのやっていることは何の意味もない」と言われ続けてきたことが、ひょっとしたら人類を救う重要なものになる可能性を秘めているかもしれない。

「人間らしさとは何なのか」という普遍的な問いを、我々は改めて考えなければならないターニングポイントを迎えているのです。

目まぐるしい日々の中で合理化が進んでしまった堅苦しい頭と心を、そろそろほぐしてみてはどうか。それが私からの提言です。

第1章

大谷翔平のホームランに嫉妬する人はいない

1 参拝する

どんな人でも知らないうちに罪を犯している

人間という生き物は愚かであり、自分は罪など犯していないと思いながらも、無自覚のうちにたくさんの罪を犯しています。その大小を問わなければ、この世のすべての人たちは何かしらの罪を犯しながら日々を生きています。

「私は人生の中で犯した罪はひとつもありません」と言い切れる人はまずいないでしょう。どんなに誠実な人であれ、知らないうちに犯している罪というものがあるからです。

自分としては何の気なしに放った一言が、他人の心を著しく傷つけているということは気がついていないだけでかなりの数ある。

朝起きて、ひどく頭が痛い。これは昨日の晩に飲み過ぎたゆえの二日酔いです。

それでも、もう仕事に行かなくてはいけない時間なので嫌々《いやいや》家を出た。会社に着くと元気な後輩がいつもと同じような大きな声で、「おはようございます！」と挨拶をしてきた。もう、具合が悪くて今にも吐きそうなのに。

頭に響くので眉間にしわを寄せながら「ああ……」とそっけない返事をしてしまった。

本人としては、「具合が悪いのだしこれくらいは仕方ないよな」という気持ちでいるかもしれませんが、事情を知らない後輩はどうでしょうか。

「おはようございます」と言ったら、「おはよう」と返ってくる。挨拶とはそういうものです。

後輩は、自分が何か悪いことをしたのだろうか、自分の知らないところで自分のミスが大きな問題に発展しているのではないか、自分のことが気に障るのか……と、釈然としない気持ちで1日を過ごすことになるのです。

神道には、6月の30日と12月の大晦日の年2回、自分が知らず知らずのうちに犯した罪の数々を清め祓う「大祓《おおはらい》」という儀式があります。半年毎に自らの罪を反省し、穢《けが》れを払う機会が与えられているのです。これを利用するのもひとつの手です。

日本人は神社や寺を参拝するとき、手水舎で手を洗います。これを手水（てみず）と言いますが、基本的に人間は汚れた存在であるという考えがあるからです。要は禊《みそぎ》ですよね。

物理的な問題として考えても、手はもっとも汚れている部分で、多くの菌やウイルスが付着しています。感染症の対策はまずは手洗いであり、おそらく日本人はほかの国と比べても、初歩的な感染症予防ができているはずです。

それは、日本人にとって「手を洗う」という行為が「洗う」を通り越して「清める」というレベルに昇華しているからではないでしょうか。

神仏への参拝だけでなく、茶席の席入り時にも手を清めます。また、祭礼では、男たちが水を被り、禊をします。

それから、幼稚園児は入園後、まず手洗いを覚えます。

食事の前には手洗い、外で遊んできて部屋に入るときも手洗い、トイレに行った後はもちろん手洗い。

幼稚園に登園するとき、忘れてはいけないと教わったのがハンカチです。自分で自分の手を洗い、汚れを落としたら、自分のハンカチで拭き取るのです。

小学生も同様です。私が小学生だったとき、廊下には必ず手洗い場がありました。給食の前や、体育の授業の後になるとみんなで並び、網に吊るされた石鹸で手を洗いました。

私たちは教育の中で、手を洗うという行為を習慣づけられているのです。

小さい頃から無意識に行っていた手洗いという行為の意味をここで再確認し、自分が気づかないうちに犯している罪の数々を思い出しながら、まずは残っている汚れを落としてみてはいかがでしょうか。

Message 1

人間は無自覚のうちにたくさんの罪を犯している。

自分が気づかないうちに犯している罪の数々を思い出しながら、手を洗うことで、残っている汚れを落とそう。

2
償う

昔犯した過ちと向き合う

自分の人生を振り返ってみると、大きなことから小さなことまで、償《つぐな》えていない過ちは誰にでもあるのではないでしょうか。ひとつ、わかっておいたほうが良いことは、過ちからは逃れられないということです。

相手を騙し、その人の人生や家族まで不幸に陥れてしまった場合は、「逃れたい」と考えていること自体が間違っています。死ぬまでその過ちを抱えながら生き、罪悪感を引きずったまま死んでいかねばならない。むしろ、そんなものから逃れられるような世の中であれば、ろくな世界ではありません。

恋愛関係にある女性の信頼を裏切ってしまった。男性であれば多い過ちかもしれません。まだその女性との縁が切れていないのであれば、それはもうひたすら反省をして、謝り続けなければなりません。結果、縁が切れてしまった相手には、共に過ごした時間に感謝しつつ、相手が自分よりも素敵で誠実な男性と出会い、幸せに暮らしていることをただ祈るのみです。

相手の幸せを祈るということは、償いにもならなければ、自分への救済にもなりません。では何のために祈るかといえば、それは犯した過ちを「忘れない」ためです。そして、忘れないということは、同じ過ちを繰り返さないということです。

自分が犯した過ちに対して、許しを請うものではありません。一度犯してしまった過ちからは逃れることはできないのです。だから、忘れない。二度と繰り返さない。

「過ちて改めざる是《これ》を過ちという」(『論語・衛霊公』子曰、過而不改、是謂過矣)

この言葉に尽きるのです。

広島の原爆死没者慰霊碑にも、「安らかに眠って下さい 過ちは繰返しませぬから」という一文が刻まれているように、過ちを繰り返すことが最大の過ちなのです。

２０２１年に行われた東京五輪は、もともとは核兵器廃絶と平和の尊さを世界に訴えるべく、広島と長崎に招致しようと構想されたものでした。しかし、２００９年10月に両市開催による五輪招致が正式発表されると、その2カ月後に一都市開催の原則を定めた五輪憲章に抵触するとして国際オリンピック委員会に却下され、その後に起きた東日本大震災に対する「復興五輪」へ構想を転換して東京への招致が決定しました。

その中で、開閉会式の制作・演出を担当した演出家と、開会式の作曲を担当した音楽家の過去の過ちが明るみになりました。

その内容はどちらも見るに堪えないものでありましたが、２０２１年まで問題を放置していたことが何よりも大きな過ちです。当時は、現在とは違う「時代」だったのかもしれません。しかし、その過ちを忘れずに心に留めておくことができれば、２０２１年になる前にどこかで謝罪をしていたのではないでしょうか。

自分が犯した過ちは、忘れてはいけない。しかしその一方で、社会全体が他人に対して、過去に犯したどんな小さな過ちも許さないという風潮になっていることには危機感を覚えます。
人間という生き物は、成長して変わっていくことができます。誰でも成長過程であれば過ちのひとつやふたつは犯すものです。そこからどれだけ成長できるかが重要であり、それをちゃんと評価してあげられる社会を築き上げることができれば、より多くの人が、昔犯した過ちを忘れないようになるはずです。

Message 2

「祈る」のは、犯した過ちを「忘れない」ため。

自分の犯した罪を忘れないで向き合うことは、同じ過ちを繰り返さないこと。

3
成功とは

大谷翔平のホームランに嫉妬する人はいない

他人の成功を喜べないという人は、心のどこかで、いや心の芯で「自分は成功していない」と思っている部分があるのだと思います。

他人の成功うんぬんの前に、まずは自分の成功している部分を探し、自分の成功を認めることです。

大谷翔平選手のホームランに嫉妬する会社員がいないように、まったく敵《かな》わない相手に対して嫉妬心は生まれません。逆に、「あいつ、またホームラン打ちゃがった。クソ……」と大谷選手に対抗心を燃やす会社員がいたとしたら、不思議ですよね。他人の成功を気にして嫉妬するのは、少なくともその他人と同じレベルのところに自分もいると思っているからだ、と考えられます。

つまり、自分も実はいくつかの成功を積み重ねながら、今の場所にいるということ。そこで問題となってくるのが、「何をもって成功とするか」です。

百億円の札束に埋もれながら夜眠ることが成功なのか。はたまた、メジャーリーグで特大のホームランを打つことが成功なのか。

おそらく、多くの人にとっては次元の違う話で、このどちらかを実現できていないからといって、失敗にはならないはずです。

冷静に今までの人生を振り返ってみてください。結構、成功しているのではないでしょうか。

上手くいったことも上手くいかなかったことも、それらの原因は、少なからず自分が起因しています。上手くいかなかった経験を振り返ると、「あんな判断をしなければ」と思うかもしれません。

けれど、その判断を下したのは自分自身です。自分の判断に従い、その結果として起きたことならば、それは成功と呼ぶこともできるのではないでしょうか。

ただ、結果として起こっている状況が、自分にとって辛いのか、辛くないのかという話です。辛いから失敗なのか、辛くないから成功なのか。そうではないと思うのです。

成功と失敗の本質を考えてみると、自分が下した判断の通りに物事が進んでいれば、それはもう成功なのです。自分で下してきた判断を否定することは、とても悲しいことなのです。

だから、人生というのは成功の連続なのです。辛い、辛くないは別にして、みんな思った通りに生きているのです。人間は人の話など聞いていない。人の忠告など聞いていない。自分が思った通りに生きて、その通りの人生になっているのなら、結果はどうであれそれは成功なのです。

他人の成功を認められない人は、自分は失敗しているなんて思いなさんな。これはこれで成功だったと思えば、また見方が変わってくる。

それともうひとつ。

「人生はどうにかなる」とはよく言いますが、正しくは、「人生はどうにか〝しか〟ならない」ではないでしょうか。

人生とはそのような程度のものであり、執着をせずに、諦めをつけ、「さあ、次に行ってみよう」と思うくらいでよいのです。

衆議院議員秘書時代の後輩に、血液の難病を患い、26歳で余命宣告を受けた男性がいます。大手術をしなければまず命はないし、その大手術が成功したところで、命の保証もない。元々、適当な性格の男だったのですが、そればかりは絶望の淵に立たされた気持ちだったはずです。

しかし、セカンドオピニオンで訪れた医師が非常に考えの柔軟な人だった。その医師は、「この数値を10万上げたら標準値になるけども、2万上げるだけでも生きていくことは全然できる。10万上げるには骨髄移植をして、生死を懸けなければいけないけれど、そんなことをする必要ない」と言うのです。

そして、飲み薬を服用するだけの治療をしたら、なんと1週間で数値が10万上がってしまった。その医師もまた、「上の言うことは一切聞かないし、突然1カ月イタリアに旅行に行ってしまう」というような適当な性格だったのですが、そんな人の一言で、余命宣告を受けた男があっという間に完治したのです。

もう死ぬことを覚悟していたくらいなので、その後輩にとって26歳以降の人生は、おまけでしかありません。彼は、秘書の仕事は辞めて、「残りの人生おまけ～」なんて言いながら、雑誌編集者に転職しました。

余命宣告でも受けない限り、ここまで開き直ることは難しいかもしれませんが、そのくらい執着を捨ててみてもいいのではないでしょうか。

「念」を「残す」と書いて、「残念」と言います。そんな、残念だなんて思わないこと。情念を残さないこと。念を手放さないことには、手にできないものもあるのです。

ビアガーデンに行くと、店員のお兄さんが七つも八つもジョッキを持って歩き回っています。あと二つ、ジョッキを持つことができれば、一往復分省くことができるけど、持てないものは持てません。

とりあえず、八つのジョッキを一旦置きましょう。そうすれば、二つのジョッキだけでなく、何枚かお皿を持つことだってできる。簡単なことです。

Message 3

人を羨《うらや》む前に、まず自分の成功している部分を探してみよう。

自分が思った通りに生きて、その通りの人生になっているのなら、結果はどうであれそれは成功なのだ。

4 信頼する

部下はあなたより重要な役割を果たしている

「将を射んと欲すれば先ず馬を射よ」という言葉を知っているでしょうか。敵の大将を射ようとするならば、まずはその大将が乗っている馬を射る。目の前にある大きな目標を達するためには、周辺の事柄から一つひとつ達成していくことが近道になるという意味です。

これはまさにビジネスの場にもそのまま言えることです。あなたがもし、あるお偉いさんに取り入りたいと思ったとき、どんな行動をするでしょうか。おそらく何かあるごとに、そのお偉いさんに礼状を書いたり、お土産を持って行ったり、挨拶をするために顔を出したりすると思うのですが、それと同等に、いやそれ以上に大切なのは、後ろに立っているそのお偉いさんの部下への対応です。

今後、その相手と付き合っていく場合、実際に仕事をするのはお偉いさんではなく部下のほうです。だから、そこをおろそかにしてはいけない。

同じ礼状を書き、同じお土産を持って行き、必ず挨拶をする。そこに差を設けるのは悪手でしかありません。私は衆議院議員の秘書として長らく働いていたので、よくわかるのです。

つまり、視点を変えてみれば、あなたの部下も、実はあなたよりも重要な役割を果たしているということです。部下は召使いではありません。もし、仕事がある意味「戦い」であるとするならば、上司と部下の関係は大将と軍曹の関係であり、戦友なわけです。

「人は城、人は石垣、人は堀、情けは味方、仇は敵なり」

武田信玄はいくら立派な城を築いても、人がいなければ役に立たないと言いました。人こそ財産。人を使い捨てにしてはいけません。

まずは、自分が部下に対して誠実であるか。部下からの信頼を得たいのならば、まずは自分が信頼をしなければならない。自分が誠実であれば、信頼は必ず返ってくるはずです。

しかし、信頼関係を築いたとはいえ、部下の仕事のスピードや精度に不満を抱くこともあるでしょう。

富士山信仰として行われる富士山登拝では、５人から10人の団を組んで山を登ります。その際、先達は体力の強い者に歩みを合わせるのではなく、子ども、ご婦人、お年寄りなど、いちばん体力の弱い者に歩みを合わせることを常としています。「元気のいいやつだけ先に行け」ということはしません。

ただ単に頂上まで登れればいいというわけではなく、ひとりとして残すことなく頂上に立つということが、リーダーに課された最大のミッションなのです。

そして、世の中も本来そうあるべきだと思います。もっとも弱い者に基準を合わせるということが必要だと思うのです。

私の知人に、「部下がしていることをまったく把握していない」人間がいます。

「気にするから、気になるんだ」と彼は言いますが、別に部下について何も考えていないわけじゃない。

重要なことは本質が間違っていないかどうか。

形式や作法は大事です。しかし、それだけが合っていてもどうにもならない。「部下が思い通りに働いてくれない」と嘆く上司は、何をもって「思い通りにならない」と感じているのでしょうか。

「こいつは俺が教えたやり方通りにやってくれない。もどかしい」

それは、部下が本質をわかっていないことに対してもどかしさを感じているのか。それとも、上司のあなたが本質をわかっていないから、もどかしさを感じているのか。どちらでしょうか？

本質がわかっていない上司というのは、とにかく形式を気にします。本質がわかっていない場合、とりあえず決められたものを守ることしかできないからです。

神道の儀式においても、形式や作法が重要視されますが、それ以上に本質が大切なのです。

人間にはそれぞれの美学があります。本当に性能の良いマシーンは、見た目もなぜだか美しい。その美しさというのはとても重要で、形式や作法はやはり必要です。そして、人間はそれを美しいと感じる。そういった部分で、やはり人間は感性が備わった、美学を持った生き物なんだなと思うわけです。

けれど、その先にきちっとした本質が見つけられていないと、それはただの姿であって美しさではありません。「綺麗」かもしれませんが、「美しさ」ではない。形式や作法がなっていることに越したことはありませんが、どちらを選ぶかと言われれば、「形式」を捨ててでも、本質を選ぶべきだと思うのです。

「やってみせ、言って聞かせて、させてみせ、ほめてやらねば、人は動かじ。話し合い、耳を傾け、承認し、任せてやらねば、人は育たず。やっている、姿を感謝で見守って、信頼せねば、人は実らず」

山本五十六が残したこの言葉こそ、まさに上司の本質です。

私たち現代人の悩みは、すでに先人たちが解決してくれているのです。『古事記』『日本書紀』『大鏡』『平家物語』『増鏡』。山ほど宝物があるのに、その宝に埋もれながら「宝がない」と嘆くのはいかがなものでしょうか。

Message 4

話し合い、耳を傾け、承認し、任せてやらねば、人は育たず。

――山本五十六の言葉より。部下からの信頼を得たいのならば、まずは自分が信頼をしなければならない。誠実であれば、信頼は必ず返ってくる。

5 支え

親が詐欺にあうのは子のケアが足りないため

香川に住む私の母の家に、以前、オレオレ詐欺と思われる電話がかかってきたことがありました。母が「あんた私の息子やったら、あんたがお金持ってこなあかんとちゃうの。お金があるならあんたがはよ持ってこんかい」と言い返すと、電話は切れたそうです。

同じことを言える親はなかなかいないと思いますが、母もこれがオレオレ詐欺だということには気がついていなかったわけで、誰でも詐欺なり霊感商法なり陰謀論なり、そういった類の誘いに引っかかってしまう可能性はあると思うのです。

それは、これだけメディアがその手法を取り上げ、街では注意喚起がいつもされていながら、いまだに被害が絶えないことからもわかるでしょう。

しかし極論を言えば、そこは本人の自由の範疇になってきます。資本主義の世界では、犯罪など一部例外もありますが、基本的には自分のお金は何に使っても文句は言われないのです。

仮に親が霊感商法にハマり、とんでもない額のお金を教団に取られているとしたら、本人はそれがいいと思ってハマっているわけですから、正直どうすることもできません。神道の教えによってそれを解くことなどできるものではないので、現実的な対処を考えるほかないでしょう。

問題なのはそういった類の組織に誘われたときに、お金を払えてしまう状況にあることです。

簡単に借金というけれど、いまの時代は担保がないことには、どこもお金など貸してくれません。霊感商法の人間が「私が一緒にサラ金に行ってあげますから」と言ったところで、サラ金も借りたお金を返せる人にしかお金は貸しません。「壺を買うので百万円貸してくれませんか」と頭を下げても、金貸しも商売なので簡単には貸してくれないでしょう。

意外に思うかもしれませんが、金貸しが簡単に金を貸すのは学生です。借りても数十万という規模であるうえに、最後は親が返してくれるという担保があるからです。

年老いて認知症になった親が自分の知らないところで騙されていたというのはよく聞く話ですが、親にそういう傾向が見られた時点でお金を持たせてはいけません。

詐欺師もお金のないところには労力と資金をつぎ込みなどしないのです。お金があるから、そういった悪い話に引っかかってしまうのです。

オレオレ詐欺であれば、子が親と一緒に住んでいないからこそ起こることであって、そのケアをしてあげなければなりません。

電話をかけた途端に「この会話はすべて録音されています」とアナウンスが流れれば、相手もすぐに受話器を置くことでしょう。

高齢の親が被害に遭う前に、危機管理をしておかなければならないのです。年老いた親はなぜそんなものに頼らざるをえなかったのか。遠くから親を見ていて、老いや弱さというものを感じなかったでしょうか。そのときに見えないフリをして逃げてしまった代償ではないでしょうか。
家族が親身になって支えてあげていたならば、結果はきっと違うものになったはずです。

Message 5

親が詐欺に引っかかるのは、子と一緒に住んでいないから。

親が詐欺に頼らざるを得ないのは、遠くから親を見ていて、老いや弱さというものを感じたときに、見えないフリをして逃げてしまった代償ではないか。

6 自覚する

パワハラのない社会にするには

厚生労働省では「職場のパワーハラスメント」を明確に定義付けしていて、次の3つの要素をすべて満たした場合にパワハラと認められるそうです。

・優越的な関係に基づいて（優位性を背景に）行われること
・業務の適正な範囲を超えて行われること
・身体的若しくは精神的な苦痛を与えること、又は就業環境を害すること

わかりやすい例でいうと、上司という立場を利用して「こんなこともできないのか」「おまえなんかいても意味がない」といった発言で部下を貶めるような言

動で人格否定をするような行動はパワハラと言えるでしょう。

抵抗すると仕事を干され、最悪の場合クビにされてしまう。そして、継続的なハラスメントにより、精神的に苦痛を与えられる。そういった例が何人も続くと周りはどんどん逆らえなくなってきます。

「この人が言っていることは絶対おかしい」と誰もが思っていても、誰も何も言えない。

そんな状況に陥っている職場は決していい状態とは言えませんね。

一方、自分がその元凶になってしまっている可能性も十分にあります。

中高年の社員によるパワハラの原因の一端には、更年期障害があると思っています。更年期障害の主な原因は女性ホルモンの急激な減少にあり、女性特有の症状と見られがちですが、男性ホルモンの低下によって男性にも起こることです。

更年期障害の特徴に、被害妄想の強さがあります。

「こいつは自分のことを陥れようとしている」と思い込んでしまったり、女性であれば「うちの旦那は浮気している」と根拠もないのに夫を問い詰めてしまったりします。

その結果、周りに当たってしまったり、朝と夜で言っていることや口調が変わってきたりして、周りが迷惑をしてしまうのです。

更年期障害は生きるか死ぬかという病気ではなく、体が変化をする時期にさまざまな症状が起きるものです。そして、人生の様々な年代で体が変化をする時期が「厄年」と呼ばれるものです。

今は人間の寿命が延びているため時期にズレが生じていますが、男性は25歳、42歳、61歳、女性は19歳、33歳、37歳、61歳が厄年とされています。

昔の田舎では厄祝いと言って、大層派手なお祝いをしたものでした。というのも厄年というのは体と心が変わる時期なのだから注意喚起の意味合いがあったからです。

どんちゃん騒ぎの宴会をして、集まった町内の人にはお土産をさしあげます。

昔の男性ならば数えの43（満42）歳のときに、「自分は厄年なんだ。自分の使命は半分程度終えたのだから、次の世代を育てないといけない」という自覚が芽生えるのです。

むしろ、心と体の変化を認識させ、今でいうパワハラみたいなことが起きないようにするために、厄年を迎える儀式を開いていたのではと思うくらいです。昔はコミュニティ全体がケアの役を担ってくれていたわけです。

しかし今の日本の会社には、社員の心のメンテナンスをするカウンセリングの機能がないところが多く見受けられます。パワハラに困っている社員が声を上げることもできなければ、無自覚にパワハラをしてしまっている人がそのことに気がつけないのです。

更年期障害という病を自覚できれば、更年期障害に効く薬を買いに走ったり、クリニックを受診してみるなど、本人が対応できることもあるわけですから。

日本のとある大企業では、1万人の従業員のうち5％の500人が心を病んで会社に来られないような状態にあったそうです。それで社員のカウンセリングを専門にした新しい部署を作って丁寧に話を聞いていったところ、３％の３００人が職場に復帰しました。

カウンセリングの部署はたった３人しか配属していなかったようですから、金銭面を見ても会社にはメリットしかありません。

日本企業にも社員の心のメンテナンスをするハートフルな部署を普及させるにはどうすればいいか。

まずは大きな組織が始めなければなりません。そうすれば小さい組織も一斉に倣うはずです。

Message 6

日本の会社には、社員の心のケアをするカウンセリングの部署が必要だ。

昔はコミュニティー全体が、心と身体の変化をケアする役割を果たしていた。日本企業にも社員の心のメンテナンスをするハートフルな部署を普及させたい。

7 交流する

あなたは本当に孤独なのか？

孤独に苛《さいな》まれている人に共通して言えるのが、自分の価値観以外のものをなかなか認められないという自尊心の高さではないでしょうか。

この社会には実にいろいろな価値観があります。混在している価値観をお互いに認め合うことこそが他者との交流であり、友人関係でもあります。

ところが、自分の価値観しか認められない人というのは、ある意味、自分のなかに階級を作ってしまっているのでしょう。自分の価値観は尊いものであるから、階級が下だとみなした人とは付き合えるわけがありません。

自分より階級が上だと思った人と付き合うにはプライドが許しません。それは相手には自分より能力があることを認めることになるからです。自分が何よりも大切なので、見下されるのを恐れているんですね。

違った世界にいて、違った仕事をしていて、違った考えを持っているだけなのに、どうして杓子定規に「上下」を計ってしまうのでしょうか。

それから、他人から嫌われることを極端に恐れている人も、一種の孤独だと思います。ひとりになるのが嫌なので、前向きではない後ろ向きの人間関係にですら依存してしまうのでしょう。

学校や職場でイジメや差別に遭っている場合は、それは相手のフラストレーションのはけ口にされてしまっているので、「嫌われる」とはまた別の話です。

仮に誰かに嫌われたとしたら、同じ世界にいなければいいだけの話。そもそも人に嫌われることは、そんなに嫌なことなのでしょうか。

「あなた、私のこと嫌いでしょ？　ならばお互い顔を合わせないようにしよう」

これでお互いに手を打つ。それをしないでうやむやに人間関係を継続させるから、辛くなるのです。

人の好き嫌いは、理屈じゃ説明できないこともあります。人間も動物だからです。ひょっとしたら前世で殺し合いの大喧嘩をしていたかもしれませんし、あなたがネズミで相手がネコだったかもしれません。

人に嫌われるのも、誰かのことを嫌いになるのも、必ずしも自分に原因があるわけではありません。遺伝子レベルで相性が悪く、会った途端にお互いに「なんか嫌な奴だな」と直感が働くこともあるのです。

自分の生命を脅かす天敵なわけですから、会わない。会っても口をきかない。それでいいのです。人に嫌われるということは、恐れるに足りません。

そして、日本では「孤独死」が社会問題になっていますが、独身であれ、大家族であれ、旅立つときはひとりです。誰もついて来られないし、誰も連れてはいけない。これまで家族に囲まれ、友人に囲まれ、どんなに孤独とは無縁の生活をしていようと、最後はひとりで死んでいくしかありません。

しかし、物は考えようです。

私の父は亡くなる1カ月前に、「ネコが来るからベランダを閉めてくれ」としきりに言っていました。けれど父が住んでいる部屋はマンションの六階ですし、隣の部屋もネコなんて飼っていません。

そう説明しても父は、「ネコが来るんだよ。ネコが来てるんだよ」と繰り返していました。父が亡くなってから思ったのですが、あれは昔父が飼っていたネコが迎えに来ていたんじゃないか。

それならばちゃんと死ぬときの道案内がついているわけですから、ひとりで孤独に亡くなったということにはならないですよね。

仏教の世界ではご臨終の際、紫色の雲に乗った阿弥陀如来が迎えにくるそうです。観音菩薩やら勢至菩薩やら、みんながワーッと寄ってきて、「迎えにきたよ！」とその雲に死者を乗せるのです。

死ぬときに孤独か否か。それはその人の考えによって決まるものなのです。

Message 7

死ぬときに孤独か否かは、その人の考えによって決まるもの。

旅立つときはひとり。どんなに孤独とは無縁の生活をしていようと、最後はひとりで死んでいくしかない。

第2章

今必要なことは、それほど多くない

8 信仰

信仰をもつのは、歳をとってからでもいい

私がまだ中学生だった45年前、「これを飲むと足の先まで体が温まり、よく眠れるんだ」と、祖父母が毎晩のように「養命酒」を飲んでおりました。それを見ていた私はふたりを真似て、こっそりと付属の小さなコップに注ぎ、ひと口、養命酒を飲んだことがあります。

しかし、中学生の味覚が養命酒を受け付けるわけもなく、「こんなに不味いものをなんで好き好んで飲むのだろう」と疑問に思ったものです。

ただ、私も60歳が近づくにつれ、祖父母の気持ちがわかってきました。味覚も変わり、胃の状態も変わりました。

サシが入ったお肉はもう2枚で十分ですし、かつて1ポンドは平らげていたス

テーキも150グラムが限界です。

たわわに実ったナスをスライスし、わずかな油でサッと焼き、すりおろした生姜をのせ、醤油にチョンとつけて食べる。今ではこれが私にとっての最高のご馳走になりました。人間は変わっていくものなのです。

歳をとれば暑い夏でも夜は足先が冷える。クーラーを付けてもひざ掛けの毛布は欲しくなる。そんなときに養命酒を飲んでみると、体は温まり、そして漢方のような味が実に舌に合う。養命酒は歳をとってから必要になってくるものです。

「信仰」というものも同様です。

まだ二十歳になったばかりの若者が、努力もせずに朝から晩まで「ああ、神様、仏様」と手を擦り合わせていたとしたら、私は止めさせます。祈るだけではけっして解決しないのです。

「自分の力と自分の可能性に夢と希望を持ち、己の力で世の中を変えてやろう、神様や仏様など必要ない！」と思うくらいでいい。神に祈り、神に人生を決めてもらうなど、そんな甘えたことを言ってはいけない。

しかし、歳をとり、経験を重ね、ある程度自分というものが分かってきた人には、信仰というものはある意味、養命酒のようにじんわり効いてくるでしょう。

歳をとると体が思うように動かなくなります。これは若い頃に「いつか衰えが来るのでは」と考えた以上に訪れます。

友人から電話が入り、「○○さんが昨日亡くなった」と急な連絡が入ることもあるでしょう。「○○さんとは一昨日飲んだばかりなのに」と、急な仲間の死に言葉を失う経験もあるでしょう。

愛情を注いで育てた我が子がいざ大人になってみると、思い描いていたものとはまるで違う姿に育っている。

あんなに素直で可愛かった子が、今では「やい、クソじじい」などと言う。一体、私はどこで教育の仕方を間違えてしまったのかと、自分自身を責め、悩むことになるかもしれません。

そして、いつの日か必ずやってくる親の死。親が老い、確実に死に向かって歩んでいる姿を目の当たりにしたとき、はじめて「ああ、神様、仏様」という言葉が自然に出てくるのです。

ともかく養命酒と一緒で、しかるべき歳になればおのずと手を合わせたくもなるもの。この可愛い孫だけは元気に育ってもらいたい。

そうなったときには自然と神様に対して、「どうか、この子を守ってください」と祈ることになるでしょう。

人智が遠く及ばない力というものが、この世の中には覆い被さっている。そんなことを感じたとき、信仰というものに対して向き合う自分が出てくるのではないでしょうか。そのために、いつでも信仰に入れるように、冠婚葬祭といわれる地域の祭りや、家庭での墓参や法事など、信仰儀礼を行うことは信仰の素地となるのです。

Message 8

人智が及ばない力の存在を感じたときに、信仰心が湧いてくる。

若いうちは自分の力と可能性に夢と希望を持ち、神に頼らず己の力で道を切り拓くほうがいい。

9 見極める

本当に必要なものを見極める

無条件で百万円のお金が手に入るとしたら、十中八九、ほとんどの大人は眉を開いて喜ぶことでしょう。しかし、このお金を小学校に入ったばかりの子どもに見せたところで、使い道の見当も付かず、困ってしまうかもしれません。そんな紙の束よりも丸い５００円玉を１枚くれれば、駄菓子屋で思う存分好きなものを買うことができます。

その子が、「この間発売された新しいポルシェ、カッコいいから欲しいんだよね」と周りに言いふらしていたとしたら、それは道路を走るポルシェではなく手のひらに乗るミニカーのポルシェでしょう。

しかし、その子も大人になれば本物のポルシェを乗り回したくなるかもしれないし、さらに歳をとればポルシェに乗っている場合ではなくなり、電動アシストカーに乗っているかもしれません。

つまり、本人にとって必要なお金や物は、年齢によっても変わるということです。

スフィンクスがオイディプスに出した有名ななぞなぞがあります。

「朝は4本足、昼は2本足、夜は3本足。さて、その動物とは一体何でしょうか?」

答えはみなさんご存じの通り、「人間」です。赤ん坊は生まれたときは4本足で歩きますが、すぐに2本足歩行になり、歳老いると杖をついて3本足になるのです。これは、人間の変化というものを非常に端的に表しています。

あなたは今、何が欲しいのか。なぜ、それが欲しいのか。その欲しいものは数十年後、まだあなたにとって必要なものなのか。そんな風に想像力を深めてみれば、ひょっとすると人生のプランを立てるヒントになるかもしれません。

ただ、人間という生き物は、欲求がなくなれば進歩もなくなってしまいます。

そのため、欲求自体を否定するのではなく、冷静に欲求を見極めていく必要があります。

神様があなたに毎日1升《しょう》のお米を与えてくださるとするならば、それはありがたいことでしょう。しかし、その1升をもらったその日のうちに食べきらなければいけないという条件が付けば、事情は一気に変わってきます。

朝食と昼食で腹いっぱいに食べても、夕食時にはまだ半分以上残っている。でも、食べきらないことには神様が許さない。そして、それが明日も明後日も続いていく。

これはもう、ありがたみではなく苦しみに変わっています。

何も神様に頼らなくても、「俺は1日1升の米くらい余裕で手に入る」という人もいるでしょう。しかし、その人も同様に食べきれない。備蓄した米はどんどん古くなっていき、周りの人々は「新米だ、新米だ」と喜んでいるのに……。自分に与えられた財というのは、有効に使わないと意味がありません。

私たちが生きる現代の社会を見回してみると、こういった「消費しなければならない苦しみ」というものに囲まれているような気がします。

人間、「1日1合7勺《しゃく》・キュウリ3本・味噌一欠片《ひとかけら》」さえあれば生きていくことができます。それさえ与えられれば、生きるということに関しては誰も差別をされません。

そこで、「今あなたに必要なものとは何か？」という問いをもう一度自分に投げかけてみることです。「1日1合7勺・キュウリ3本・味噌一欠片」だけではさすがに寂しいので、たまにはお肉を焼いて食べてみる。ときには衣を付けて揚げてみてもいい。

しかし、ベースはあくまで「1日1合7勺・キュウリ3本・味噌一欠片」。それ以上のものはすべて「ご馳走」です。すると、一杯の味噌汁に対しても、手を合わせて、「いただきます」と「ごちそうさま」という言葉が自然と口から出てきます。

自分にとって本当に必要なものが、おのずと見えてくることになるでしょう。

Message 9

自分に必要なもの以上に与えられた財は、苦しみに変わってしまう。

与えられた財は、有効に使わないと意味がない。「いま自分に必要なものとは何か?」という問いを、もう一度投げかけてみよう。

10 幸福とは

ステータス文化から脱却するとき

人類に「ステータス」という考え方が生まれたのはいつのことでしょうか。おそらく、動物を狩ることで生活していた縄文時代にその考え方はまだなく、耕作が始まった弥生時代に生まれたのだと予想します。

耕作するということは、食物を人工的に作るということです。すると、作った食物を明日のために貯めておこうという人間の欲が出てきます。それは本質的にはお金と同じで、将来の不安を解消するための材料となります。

生命を維持するうえでは大切なことではあるけれど、これにより人間は持てる者と持たざる者のふたつに分かれ、貧富の差が生まれました。

死んだらすべてゼロになってしまうにもかかわらず、持てる者は農作物を必死に貯め、富を得ようとしました。そして、富を持った者が権力を手にしました。

そんな社会の構図が少なくとも２３００年は続いているわけですが、ついにこの令和の時代に、その価値観はこの世から消えようとしているのではと感じています。

私たちは価値観の変化に気づき、「ステータス文化」から脱却を図らないといけません。

少し自分の話にはなりますが、ある日、私の父が車を買い替えるというので相談にのったことがありました。

子どもや孫を車に乗せるわけでもないので、「１５０万円くらいの軽自動車でいいいんじゃないか」と勧めると、父は「そんな恥ずかしい車には乗れない」と言うのです。

「周りの友人はみんな高級車に乗っているから、せめて一千万円クラスの車じゃないといけない。そして、ガソリンはレギュラーではなくハイオクじゃないと恥ずかしい」と言うのです。

私にはその感覚がまるで理解できず、ショックすら覚えたものです。それもひとつの考え方であると飲み込みはしましたが、父は時代に合わせた価値観のアップデートができていないのだと、私はそのとき思いました。

ドイツに移住するならまだしも、なぜこの日本で時速200キロも300キロもスピードの出るスポーツカーが必要でしょうか。

ポルシェに乗れば新幹線のように東京から大阪まで2時間半で行けるのなら分かります。しかし、法定速度が決まっているのですから、250万円のプリウスだろうと、1500万円のポルシェだろうと、到着時刻は何も変わらないはずなのです。

高級腕時計もそうです。3000円の腕時計を巻くと1日が20時間に減り、300万円する時計を巻くと1日が30時間に増えるのなら、高いほうを買ってみようと思いますが、時間は一緒なのです。

私の父の世代の人たちは、「いつかはクラウン」という言葉が流行っていたように、物に機能性だけではなく「ステータス」を求めていました。むしろ後者を重視していた感があります。

私たちは普段から、スマートフォン、ＰＣ、アプリ、いろんなものを日々アップデートしながら暮らしています。それと同じように、ステータスにしがみつく古い価値観をアップデートしていかなければいけません。いつまでも旧型の価値観に固執して新しい価値観を知ろうとしないようでは、前に進むことができません。

何に幸せを見出し、何に豊かさを感じるのか。

人間の、生物としての過ごし方が変わってきているように思いますし、それに期待するところでもあります。

Message 10

価値観が変化している時代、「ステータス文化」から脱却を。

何に幸せを見出し、何に豊かさを感じるのか。人間の、生物としての過ごし方が変わってきていることに期待したい。

11 変化する

世界から戦争の原因がなくなる日

私自身の信仰は神道扶桑教という民衆神道です。私たちは、明治5年に教部省から達された「三条教憲」に則って教導いたしますが、その第二条には「天理人道を明らかにすべき事」とあります。

「天理」とは、天地を創造した神の理、つまり宇宙の万物が調和を持って存在すること。一言で言えば「自然」です。自然に抗うのは無理だということ。

そして、「人道」とは父母や年上のきょうだいに孝行を尽くし、子や夫や妻や幼い者を愛し育て、お互いに信頼を篤くすることです。すなわち「みんな仲よく」と言っているのです。

「天理人道を明らかにすべき事」とは「宇宙の自然に抱かれた人間とあらゆる生

命体は、寒暖晴雨の下、互いに思いやり、助け合うこと」を伝えているのです。

ところが、残念ながら人類の歴史を紐解くと、戦争の歴史ばかりが目立ちます。

そして、その原因は人の飽くなき欲望です。

「富を独り占めしたい！」ということに尽きる。国土を、農作物を、エネルギー資源を「独り占め」にしたいのです。

ここ100年の戦争は、ほとんどすべてエネルギー資源の独り占めが発端となっていると言えます。現在もロシアのウクライナ侵攻により、世界中がエネルギー資源を巡って混乱の最中にあります。

しかし、これからの100年はどうでしょうか？

私たちは今、再生可能エネルギーへの転換に向かっています。

日本でも、最先端の技術開発に邁進しています。たとえば太陽光発電用パネルを薄型化したペロブスカイト太陽電池は、2030年を目処に開発が進められております。薄型で軽量、持ち運びも可能なペロブスカイト太陽電池は、家の窓や携帯電話などに貼りつけるだけで発電できるという画期的なものです。

しかも、ペロブスカイト太陽電池の原料は、すべて国産での供給が可能であり、主原料のヨウ素は、日本が世界の生産量の3分の1を占めているのです。

また、藻類バイオマス燃料の開発も実証段階に進んでいます。海や川や湖に生える「藻」から、原油を抽出するのです。現在、浄水場で排水から取り除いた藻類を培養し、そこから原油を抽出する研究が進んでいます。実現すれば、現在わが国の原油輸入量と同じ量を、藻類バイオマス燃料で賄うことができると言われています。

太陽や風や波や地熱、これらは地球上どこにでも存在します。独り占めは不可能です。ですから、再生可能エネルギーで世界中のすべてのエネルギーが賄えるようになれば、戦争の一大原因はなくなるのではないでしょうか。

さらに、今まさに資本主義経済の概念が変容しつつあります。

一極集中で中央集権型であった「富」の概念は、もう限界にきているのではないでしょうか。新しい技術として登場してきたブロックチェーンの普及により、そう遠くない将来、世界の経済は分散型に変化することが予見されています。

ブロックチェーンは、仮想通貨の取引などにも使われて普及してきた技術です。不特定多数の参加者が、個々人でデータを分散し保持させ、データ改ざんを防ぐ。これからは、強いものが全てを決めて、弱い者がそれに従わざるを得ないという世界の経済構造は、変わっていくものと思われます。

これらが当たり前のインフラとして浸透し、透明で効率的、不正のない公平な社会が訪れることでしょう。

ただ、多数の参加者個々人が、データを分散して持つ仕組みであるため、個人の自立が求められる社会となるでしょう。これは、私たち日本人がとても不得意とするものです。「寄らば大樹の陰」「赤信号みんなで渡れば怖くない」でずっとやってきた国民性ですから。

現在も、日本ではブロックチェーンを警戒して規制する様々な法律が作成されれていて、先日も、ある外国人の方と話をしていたら、「日本のブロックチェーンが広がらないのは、日本の法律のせいだ」と断言しておられました。世界は、個人が大きな組織に頼らず、自立していかなければならない時代に入っています。私たち日本人も、変化を求められています。

価値観が大きく変わるこれからの社会において、精神的に孤立しないためにも、信仰や文化や習俗や芸術での結び合いは、さらに必須な存在となることでしょう。一見、合理性のないもの、儲かるわけでもないものがお互いを結び付け、孤立を助ける命綱になっていくのだと思います。

昭和15年にラジオ『国民歌謡』で放送された「隣組」という歌があります。作詞は芸術家岡本太郎さんのお父様の岡本一平さんです。「とんとん とんからりと隣組 格子を開ければ顔なじみ……」と始まる歌は、ご存じの方も多いでしょう。その四番の歌詞に「何軒あろうと 一所帯、こころは一つの 屋根の月 纏められたり 纏めたり」とあります。私はこの歌が大好きです。

「心は一つ、みんな仲よし」といった、非合理的で青臭いような言葉が、むしろリアリティを持つ時代が来ているのではないでしょうか。

Message 11

中央集権型であった「富」の概念は、もう限界にきている。

再生可能エネルギーへの転換、ブロックチェーンの普及により、そう遠くない将来、強いものが全てを決めて、弱い者がそれに従わざるを得ないという構造は、変わっていくだろう。

12
決断する

人生の方向性が決まるのは15歳

ウルフルズが唄った「明日があるさ」という曲のなかに、こんなフレーズがあります。

会社をおこした奴がいる
会社に残ったオレがいる
あせることないさあせることないさ
自分に言いきかす

ここで歌われているサラリーマンが果たしてその後どのような人生を送ったの

かはわかりませんが、歌詞にある通り、決して焦る必要はないと思うのです。

同僚のなかには独立し、自分の会社を持ち、成功を収めるような人もいることでしょう。そんな人を見るたびに、「自分はずるずると会社に残り、何者にもなれていない」と思い悩む中年は多いかもしれません。

しかし、ものは考えようです。定年を迎えるまで会社に残っているということは、たとえそれが挑戦をしなかった結果だとしても、ある意味幸せではないでしょうか。

人生を左右するような大きな判断をしなくて済んだと考えることもできるのではないでしょうか。

人が大きな判断をするときというのは、ある決断に迫られているときです。何か自分にとって悪いことが起きていて、その状況を好転させるために大きな決断をせざるをえないのです。

現状に満足していながら、さらに上を目指してリスクを取る人もいるかもしれませんが、その数は多くはないでしょう。転職も独立も、いまいる場所が自分にとって良くないところだから、することです。定年まで会社で働けたということは、その生活が自分に合っていたのかもしれません。

私のようなわがままな人間は人の下で働くようなことは無理だろうなと思った結果、様々な職種を経験しました。私も偉そうなことを言っておりますが、就職活動すらしたことがありません。

それは会社で働くという生活が自分には向いておらず、たとえ無理をして頑張ったとしても途中で苦しくなるだけだと分かっていたからです。

しかし、「自分に合った生き方とはどんなものだろうか」ということは、少なくとも定年を迎えるまでには結論を出すべきですが、私はその年齢は15歳だと思っています。

人の寿命がまだ短かったということも関係しているとは思いますが、かつて日本では男子は15歳で元服という儀式を迎え、一人前の人間として社会への仲間入りを果たしていました。

15歳という時期はひとつの人格が形成されるときでもあり、人生の方向性が決まる分かれ道でもあります。

たとえば恋愛においてもそうです。15歳のときに好きだった相手のことを思い出してみてください。おそらく、余計なことは考えずに、「好きだから好き」だったはずです。

しかし、年齢を重ねるごとに、余計な情報を取り込むごとに、本当に自分が望んでいることが何なのかわからなくなってくるのです。

自分は何が好きで何が嫌いか。何が得意で何が苦手か。どんな人生を歩んでいきたいのか。

それが「夢」に繋がっていくわけであり、15歳でそういったことが考えられる社会にしていかなくてはなりません。

しかし、正直いうといまの日本の社会ではそんな15歳はなかなか出てこないでしょう。私はその最たる原因が受験最優先の教育だと考えています。いまの学校は、社会性を度外視し、子どもたちを非現実的な世界に押し込めているだけです。学校というシステムのなかでしかものを考えず、学校における価値観のみが、子どもを支配してしまっているのです。それは「多様性」とはかけ離れたものであり、そんな場所に閉じ込められていては、自分の将来の姿を想像することなどできないでしょう。

日本では「ニート・引きこもり」が社会問題となっていますが、彼らのなかには、学校によって押し付けられた価値観に迎合することができなかっただけ、というケースも多いように思います。

その諸悪の根源にあるのが、「6・3・3・4制」です。義務教育を終えたら高校に進学し、いい大学に入り、いい会社に就職する。そのルートを作っているのが、この「6・3・3・4制」なのです。

子どもの可能性というものを、親は学校や教師に任せきりにしていないでしょうか。ルートに乗せるのではなく、いろんな可能性を見い出し、実際に体験させ、「自分は何が好きなのか」を考えさせなければなりません。

しかし、学校といった教育機関がいらないといっているわけでもありません。実際に学校制度の改革は少しずつ進められており、その体質も少しずつ変わってきてはいますが、さらなる段階として必要になるのが、能力のある子どもには飛び級をさせるということです。

海外では普通にあることですが、現在の日本にはその制度がないのです。その理由は簡単です。飛び級を認めてしまうと、学校の存在意義がなくなってしまうからです。学校にとっては、飛び級をするような人間が世の中で成功されては困るのです。

スポーツの世界を見てもわかるように、卓球にしろ、テニスにしろ、ゴルフにしろ、トッププレイヤーたちは15歳の時点ですでに日本を離れ、海外でトレーニングしています。

「6・3・3・4制」などに従って日本に残っていてはすぐに使い物にならなくなってしまう。だからみんなすぐに海外へ出ていくわけですが、それには当然お金がかかります。すると、お金持ちの家庭しかスポーツの世界では上を目指せないといった状況になってしまうのです。

職人の世界もそうです。日本のものづくりの技術は世界に誇れるものです。しかし、胸を張って誇ることができない状況になってきています。

日本の技術を支えたのは、当時15歳で集団就職をした人たちです。いま、この技術を伝える相手がいないのです。

職人の技術というのは、理屈ではありません。それは大学を卒業してから始めるのでは遅く、15歳からの5年間を使って体に覚えさせるものなのです。体が吸収できる時期というのは限られているのです。

Message 12

15歳で、「自分に合った生き方」の方向性を決めるべきだ。

いまの学校は、社会性を度外視し、子どもたちを非現実的な世界に押し込めている。能力のある子どもには飛び級をさせて、世界に出ていくシステムをつくってほしい。

第3章

死をどう受け止めればいいのか

13
時間

星の光から見れば、10年も１００年もほんの一瞬でしかない

２０１７年、『LIFE SHIFT（ライフ・シフト）――１００年時代の人生戦略』という本がベストセラーになり、「人生１００年時代」という言葉が、新語・流行語大賞にノミネートされました。

厚生労働省も「人生１００年時代構想会議」なるものを開き、ひとつの単語として社会に浸透してきたように思います。しかし、中には「１００年も生きていたくない」「老いた時間が長くなるだけ」と思う方もいるのではないでしょうか。

おっしゃる通り。寿命が長くなっても、ピンピンした身体で人生を思う存分楽しめる時間が増えるわけではありません。しかし、私にしてみれば、70歳の寿命も１００歳の寿命もたいして差はないと思うのです。

小学校の頃の1年間を思い出してみてください。きっと、今の1年間のほうが当時の1年よりも短く感じているはずです。早く6年生になって偉そうにしたい。そんなことを思ってもなかなか6年生はやってきませんでした。それが今は、このあいだ正月を迎えたばかりなのにもう秋を迎えている、と感じるでしょう。

19世紀のフランスにポール・ジャネという哲学者がいました。彼は、自身が発案した「ジャネの法則」でこんなことを言っています。

年月の長さに対する主観的な速度は、年齢に反比例する。

歳をとると必然的に年月に対する体感速度が速くなることは、誰もが感じることです。

たしかに、10年しか生きていない子の1年と、100年生きた老人の1年とでは、体感速度は違って当たり前です。きっと、50歳を過ぎてからの後半の50年というのは、あっけないくらいにあっという間に過ぎていくことでしょう。

私たちが夜空を見上げたときに目に映る星の光は、もちろん星によって異なりますが、何万年も、何億年も前のものです。そんな宇宙の時間からすれば、人生なんて一瞬の出来事。生まれて3日で亡くなる子もいれば、若くして事故で亡くなる人もいるし、100年以上生きる人もいます。しかし、宇宙時間にすれば、どれもほんの一瞬の出来事なのです。

その時間が短く感じるか、長く感じるかは時間の定規の問題です。その人がどんな尺度の物差しを使っているかによって大きく変わることになるのです。当然、100年の物差しで世界を見ていれば、100年という人生は非常に長いものに思えるでしょう。でも、1万年という物差しで世界を見ていればどうでしょうか。自分の人生がいかに短く、そして、いかに儚く、いかに尊いものであるかを感じられるはずです。

Message 13

宇宙時間の定規からすれば、人生は一瞬の出来事。だからこそ尊い。

生まれて3日で亡くなる子も、若くして事故で亡くなる人も、100年以上生きる人も、宇宙時間の定規からすれば、どれもほんの一瞬の出来事。

14 別れ

葬式は子どものためのもの

後述しますが、「結婚式は親のもの」である一方、「葬式は子どものもの」であると私は常々口にしております。

世の親たちは、「俺の骨なんて、海に流してくれればそれでいいから」なんて言いなさんな！　と。死んだら何もできないのだから、後のことは子どもに任せるしかない。キチンと葬式を執り行うのか、葬式もしないでただ骨を海に流すのか、それともトイレに流すのかは、人まかせなのです。

子どもたちの中には、「葬式はもう家族だけでいいので」と少しピントのズレた謙虚さを見せる人たちがいます。それはちょっと待ちなさいと。

「息子と言えども、娘と言えども、親の人生のすべてを知っているのですか？」

私はそう諭《さと》します。結婚披露宴であれば、子どもが世話になってきた人たちや友人の顔を親は式の場で知ったりします。一方、葬式となると、90年の人生があるのなら、なおさらその数は多いことでしょう。来る来ないは相手に任せるとして、とにかく知らせは出すのです。

亡くなった方の人間関係というのは、いくら近親者であっても把握ができていないものです。自分たちの考えの及ぶ範囲で、「もう90歳になるんだから、人間関係もほとんどないだろう」と、判断はしてはいけない。

自分の会ったこともない大勢の人たちが、最期のお別れをしたがっているかもしれない。その機会を家族の価値観ではく奪するようなことはあってはならないのです。

私の故郷である香川県高松市で、90歳のおじいちゃんが息を引き取りました。彼は若い頃に大きな会社を経営していました。奥様が亡くなられ、その葬儀には500人以上の人たちが集まり、立派な葬儀を出しました。

その後、彼の会社は潰れ、息子さんは香川を離れ大阪で事業を始めます。ひとりになったおじいちゃんは次第に認知症の症状が現れ始め、ひとりで車に乗って出かけては、誰かが見つけるまで自宅に帰ってこないようになりました。

自分がどこにいるのか、途中でわからなくなってしまうのです。

結果、老人ホームに入居し、その後亡くなりました。

私はすぐに息子さんに、「お葬式の準備を始めなきゃね」と声をかけたのですが、「お金がないので家族だけで済ませたい」と言うのです。私はそのおじいちゃんとは個人的な関わりもありましたので、知り合いの葬儀屋さんに電話をし、「とにかく安い金額で葬式を開いてくれ」と口をききました。

それで出てきた見積りは25万円。息子さんも「それならなんとかなります」と言うので、急遽、葬式を執り行うことになりました。

息子さんは、「お父さんは、もう現役を退いて何十年も経ちますから、誰も来ないですよ」なんて直前までブツブツ言っていたのですが、ふたを開けてみるとまったく違ったのです。

お通夜が始まると、親族はずっと祭壇のほうを向いていますが、後ろを振り返ると百人以上の人たちが座っており、息子さんはひっくり返るほど驚いたんですね。

何十年も前に会社を潰した父は、もう天涯孤独の人間であると思い込んでいたのです。

「お父様にはお世話になったんです」

「実を言うと、若い頃お父様が私を助けてくれたから、今の会社があるんです」

「どうしてもお別れしたいと思って来ました」

息子さんは、そんな言葉を初めて会った参列者からたくさん投げかけられました。

そして、葬式が無事に終わると息子さんは、「お礼です、これを納めさせてください」と泣きながら包みを持ってくる。

「お金がないのなら無理をしなくていい。こっちの押し付けでやったようなものですから」と言うと、「いや、これはお通夜とお葬式でみなさんが持ってきてくれたお香典の一部です」と。

結局、おじいちゃんは自分の葬式を自分で開いたようなものなのです。

葬式は何のために開くか。

まず一つは、別れの場を設けるためです。故人の友人、縁のある人、世話になった人、いろいろな人たちが「やっぱり最期のお別れを言いたい」。その機会を、残された家族がつくってあげる。

もう一つは、故人を次の世に送り出すためです。

私たちは棺のことを「舟《ふね》」と呼びます。「納棺の儀」と書いて、「おふねいりのぎ」と読むのです。なぜかといえば、舟に乗せて神様の世界へ送り出してあげるから。人は死んだら神様の下へ行って、「御側使《みそばづか》いの命様《みことさま》」という、神様のお手伝いをする使命を担います。

亡くなった人というのは、この世の使命をまっとうしたのです。だから、次の使命のために、無事に神様の下へ送ってあげる。これが、葬送なんです。

Message 14

人は死んだら神様の下へ行って、神様のお手伝いをする使命を持っている。

亡くなった人は、この世の使命をまっとうした人。次の使命のために、無事に神様の下へ送ってあげる。これが、葬送の目的。

15 調整する

どんな親のもとに生まれるかは、自分が選んでいる

「親ガチャ」という言葉が流行っています。子どもはどんな親の元へ生まれるかを選ぶことができず、悪い親にたまたま当たれば人生が大きくダメな方向へ進んでしまう。それをスマホゲームの「ガチャ」にたとえたものです。

その後、「上司ガチャ」「部下ガチャ」など様々な◯◯ガチャが取り上げられるようになりましたが、自分の生まれもった境遇によって不幸になっていると感じている人は多いのではないでしょうか。

しかし、私はそれが世の中だと思うのです。人は生まれるとき、服も下着も着けずに丸裸の状態で母親のお腹から出てきます。これが人にとって最大の平等であり、唯一の平等でもあります。

ただひとたび生まれ出ると、そこは、お金持ちの家庭だったり、はたまた貧乏だったり、健康だったり、身体が弱かったりと、すでに差があるのも現実です。自分の置かれた境遇を悲観する前に、この世の中というものが元々不条理で不平等なものであることを受け入れなくてはなりません。ただ、神道の人間として言えることは、雲の上で今の親を選んでいるのは自分だったのです。

当然、そのときの記憶があるわけはありませんが、雲の上で神様に「あの親のところはきっと苦労するからやめておきなさい。あっちがいいんじゃないのか」と言われたのに対し、「いや、ちょっと面白そうだから行ってみますわ」と、自分で選んでいるかもしれません。

そう考えると、少し気持ちは変わってくるのではないでしょうか。

「何か理由があってこの親を選んだはずだ」と思ってみてください。その理由を冷静に探してみるのもまた、人生の楽しみのひとつではないでしょうか。

そして、逆に親はこんなことを言うわけです。

「こんな子を産んだ覚えはない」「こんな子に育てたつもりはない」

そんなふうに思っている親がいるとすれば、あなたは「この子に選ばれたのだ」と伝えたい。子どもは何か理由があって自分を選んだと考えれば、子にどう接したらよいか自然にわかるはずです。お互いがそのように思うことができればよいのですが、まずは自分がそう思ってみることです。

上司と部下の関係は、神様が選んだわけでも、自分が雲の上で選んだわけでもありません。

ものの捉え方というのは、人の気持ち次第で大きく変わってくるものです。人は自分の心の持ちようによって、いくらでも状況を変えることができます。

神様は人間に、生まれながらにしてその機能を与えてくれているのです。つまり、上司がどうの、部下がどうの、職場がどうので悩んでいる人は、神様から与えられたその機能を使っていないのではないでしょうか。

人間は精密機械ではありません。神様は人間を未完成に作っています。だからこそ、心の持ちようで嫌なことも「そうでもないか」と思うことができる。苦しいことも「まだまだ頑張れる」と思うことができる。

それはプログラムされた精密機械では成せない業なのです。

そういった調整機能は自分自身で働かせることもできますが、うまくいかない場合もあるでしょう。

アメリカをはじめとした多くの外国では、カウンセラーという存在が一般社会に非常にうまく溶け込んでいます。自分の心のケアのためにカウンセリングに通うことが、当たり前のことになっているのです。

しかし、日本で「カウンセリングに通っている」と言うと、今でも悪い形で捉えられてしまうことがあります。

「心は強くなければならない」と固定観念のように語られることがありますが、誰だって弱い心を持ち合わせているわけで、それを調整する機能のほうが重要です。何においても言えることですが、馬力さえあればいいわけではありません。

ものすごく強靱な脚を持った暴れ馬が一頭いたとしても、それを調整するジョッキーがいないことにはレースのスタート地点にすら立つこともできないのです。

「世の中は、浮きも沈みも苦も楽も、心の船の舵のとりよう」

芸歴80年、90代で亡くなるまで現役を続けたチンドン屋、菊乃家〆丸さんの言葉だそうですが、自分を不幸に思ったときは冷静になってこの言葉を唱えてみるとよいでしょう。

Message 15

雲の上で今の親を選んだのは自分である。

「何か理由があってこの親を選んだはずだ」と、その理由を冷静に探してみるのもまた、人生の楽しみのひとつ。

16
使命

死ぬのが怖い人に

人が死に対して抱く感情は、大きくふたつに分けられると考えています。ひとつは死んだ後に自分は一体どうなるのかという恐怖。もうひとつは自分がこの世を去った後に残した人たちがどうなるかという不安です。

神道の教えでは、人は死んだ後、次の世界へ送られます。そして、神様のそばに仕えて、お手伝いをする役目を果たします。

現世に生きている間は、世のため、人のために尽くすのが神様から与えられた使命です。私たちはそのためにこの世に生を受けているのです。それが終われば今度は神様の世界へ行くのです。

お通夜祭でよくこんなことを言います。

「このじいさん、明日からまた忙しいからね」

この世の時間の終わりは、あくまでひとつのステージが終わったにすぎません。

誕生というのは、まことに神秘的なものです。何もないところから「おぎゃー」と赤ん坊が生まれてくるわけですから。

それと真逆に位置する死というものはまことに気高く荘厳であるべきだと思うわけです。どんな人であれ、神様から与えられた生をその人なりに精いっぱい生きている。

生きている間に良いことをしていれば、悪いこともしているかもしれません。しかし、与えられた生を務めたということには変わりはないのですから、その人の人生がどんなものであれ、「ご苦労様」と声をかけてあげるのです。

そして我々は故人を納棺します。「御舟入り」といい、神様の世界へと送り届けるのです。これは、ただ単に悲しみ、あの世に行かないでくれという意味ではなく、この世の中での働きなり、存在なりを評価し、称え、ねぎらうことを意味しています。

そして次の世界で舟から降りると、今度は肉体のない神様の姿になり、神様のそばに仕えるのです。

「次の世界はどうなっているのですか」と問われたときには、本当のところは生きているうちは誰にもわからないのですが、この教えを伝え、「心配することはないです」と声をかけてあげるしかない。

くわえて、神道の世界では地獄という概念がありません。なので、その事実を伝えるということも私たちの役目のひとつであると思っています。

もうひとつの不安に対しては、話は変わってくるでしょう。

病気というのはいくら気をつけていてもなるときはなるので、それはもう仕方のないことです。仮にステージ４のガンを患い、余命宣告を受けたとすれば、やはり心は乱れてしまうでしょう。

愛する子どもや妻がいるならば、家族のことを考えると心が押しつぶされる想いだと思います。その場合は自分が死んだ後の恐怖というよりも、残した人への不安が勝るでしょう。

わが子の成長する姿を見届けてあげられないというのは、非常に残念だと思います。

そんな親に対し、神道に携わる人間としてどう声をかけるべきなのか。それは私にとっていまだに課題です。本当に言葉がないからです。

「大丈夫です」「安心してください」

そんなおこがましいことはとても言えません。神や仏を恨むことだってあると思うので、ただ一緒に泣くことしかできないと思うのです。

しかし、その不安が少しでも和らぎ、安らかに余生を過ごせることがあれば、ありがたいことです。そのためには、残された時間をどう使うかを冷静に考えなければなりません。

しかし、「あなた、あと三日しかないよ」と突然言われた場合、この三日を有意義に使うことはかなり難しい。結局はいつもと同じ生活を送ることが幸せかもしれないからです。つまり、そこには正解がないのです。

Message 16

神道の世界では地獄という概念がない。

どんな人であれ、神様から与えられた生をその人なりに精いっぱい務めたことには変わりはない。だから、「ご苦労様」と声をかけてあげたい。

17
寿命

人は１２０年の命を持っている

人は死んでもなお、輝きを放つことができます。私は、「情けは人の為ならず」という言葉の意味を真剣に考えたことがあります。それは、医師の日野原重明先生がとある講演で「人は１２０年の命を持っている」と仰っていたことがきっかけでした。

「私たちは神様から１２０年の寿命を授かっているけれども、いろんな事情があって実質１２０年よりも短くなっています」と仰られました。

そうすると、80歳で死んだ人は寿命があと40年残っているわけです。人は死んでしまえば姿はないけれども、子どもであったり、孫であったり、もしくは友人であったり、そういう人たちの心の中で生き続けているということです。

これは、ただその人たちの記憶に残っているということではありません。たとえ死んだ本人が望んでないとしても、生かされ続けるのです。

故人を思い出すとき、良い思い出ばかりの故人もいれば、悪い思い出ばかりの故人もいるはずです。

「あの人にはお世話になった。恩返しができないまま見送ることになってしまった。あの人にどうやって恩を返したらいいか」と思い出される人もいれば、中には「俺はあの人から散々な目に遭った。ようやく死んでくれた」と思われる人もいることでしょう。

生きているときは自分が対峙する人たちに対して、怒ることもできるし、助けることもできます。しかし、死んでその身がなくなり、天から下を眺めていては、もはや自分では何もすることができないのです。

それは、自分の家族や友人が困っていても同じことです。あの世から見ている限り、自分では何もできません。しかし、自分に恩を感じている人が彼らの周りにいれば、きっと助けてくれるはずです。

これは、私自身に実際に起きたことなのですが、「あんたのお祖父さんにはずいぶん世話になったんです。なにか私にあなたのお力になれることはありますか」と、思いもかけぬところで助けてくださった方との出逢いがありました。まさに、「情けは人の為ならず」を実感し、天にいる祖父に感謝したのです。

一方で、自分が原因で「なんだか困っているみたいだけど、あの人の息子さんだったら、助ける気にならない。勘弁してもらいたい」と言われているのを黙って天から見守るしかなく、現世の自らの所業を悔いるばかりの人もいるでしょう。

あなたならどちらを望むでしょうか。

人間というのは生きているときだけが命じゃない。日野原先生が言ったのは、「死んでから生かされるものが我々である」ということです。

人は死んだ後も誰かの心の中に「生かされる」。そのときにどういう自分でいなければいけないかということを考えたら、生きているうちはどんな人にも思いやりを持って、真剣に向き合うはずなのです。

Message 17

人は死んだ後も誰かの心の中に「生かされる」。

「情けは人の為ならず」。生きているうちにどんな人にも思いやりを持って、真剣に向き合うほうがいい。

第4章
お金との付き合い方

18 適量

お金が満たしているものは「将来の安心」

約1万6000年前から約3000年前まで日本列島に住んでいた縄文人の姿を見てみると、体の形自体は現代人となんら変わりがありません。科学技術は進歩しているけれど、人類の進化としてはその時点である意味完成されているのです。

日本では683年頃に製造された富本銭、708年の和同開珎などが古代のお金として知られていますが、「お金」が流通する以前には、狩猟採集もしくは物々交換によって欲しい物を手に入れていたようです。

その頃の人がお金を必要とせずとも生きていたことを考えれば、極論を言うとお金などなくても生きていくことはできます。

とはいえ、令和の今、東京のど真ん中で尖らせた石を木の棒の先に付けてウサギを追いかけるわけにもいきませんし、柿の実を取ろうとするとそれは隣の家の柿の実だったりする。

日本でも山の中で自給自足の生活をしている人はおり、私はそういう人たちを尊敬しているわけですが、しかしながら、全国民にその生活を推奨するというのはあまりにもナンセンスだというのは誰でもわかることだと思います。

お金というのは今となっては生命を維持するためには必要不可欠なものであり、その存在を否定するなどということは、するべきではありません。

先ほど人類の進化はある意味完成されていると述べましたが、今も少しずつは進化しているはずです。しかし、食べずに生きるということは不可能。

つまり、お金の最大の目的は食料を確保するところにあるのです。

けれども、お金という「チケット」をいくら持っていようとも、それだけでお腹がいっぱいになることはありません。１００万円のチケットを目の前に置かれたとしても、それ自体は食べることはできません。

ならば100万円より1升のお米のほうが嬉しいかというと間違ってもそういうわけではない。

それは、お金が満たしているものは空腹ではないからです。では何を満たしているかというと、それは「将来の安心」なのではないでしょうか。

では、その将来の安心はどうすれば満たされるのか。それを考えないことにはお金について考えることもできないはずです。

老後には最低でも2000万円の貯金が必要である、などと言われていますが、それは個人の感覚の違いであって、500万円で足りてしまう人もいれば、1億円あっても足りない人もいることでしょう。

しかし、どれだけお金を持っている人でも、1回の食事で1升の米を平らげることはまず無理なはずです。

ホテルのレストランでコース料理を頼むと、3000円のコースでも1万円のコースでも5万円のコースでも、食事の量というのは500〜600グラムほどと決まっているそうです。

だって、5万円のコースだからといって、ご飯を3升、牛1頭、ワインを樽で出されたら満足するどころかほとんどの人が怒って帰ってしまうでしょう。

ということは、人間が1日に食べられる量はある程度決まっているように、娯楽にせよ、なんにせよ、何事も消費できる量というものは決まっている。

単に、その決まった量の中で、どれだけ質のいいものを得られるか、どれだけの独占欲を満たせるか、そういった細々とした差が生まれているだけかもしれません。

もちろん、その差にお金をつぎ込むことは個人の自由なので悪いことではないと思いますが、逆に個人の自由である以上、自分と他人を比べる必要もないのではないでしょうか。

Message 18

お金が満たしているものは、空腹ではない。「将来の安心」である。

人間が1日に食べられる量は決まっているように、何事も消費できる量は決まっている。どれだけお金をつぎ込むかは、個人の自由。自分と他人を比べる必要はない。

19
感謝する

あなたが今日使った「お金たち」は、喜んで出ていったか？

初めて入る店にお昼ご飯を食べに行ったとき、可もなく不可もない１杯５００円のうどんが出てきたら、あなたはどんな気持ちでお金を払うでしょうか。「あんまり美味くなかったけれども５００円ならこんなもんだよな」と心の中で考えながら無言でお金を払うのか。それとも、「寒いときに温まらせてもらった。忙しいときによくしてくださってありがとう。また寄らせてもらいます」と声に出してお金を払うのか。

どちらも同じ５００円なのですから、どうせなら後者の気持ちで払ってみるのはどうでしょうか。

感謝の一言とともに丁寧にお金を渡せば、人間は相手に息を合わせて応えるものです。「ありがとうございます。どうぞまたお越しを。お気をつけて行ってらっしゃい」と送り出してくれるはずです。

どちらの払い方がお金にとっても嬉しいか。それはお金に聞かずともわかることかと思います。

あなたが今日使った「お金たち」は、喜んで財布の中から出かけていったでしょうか。

「あの旦那さん、あの奥さんは気持ちよく使ってくれた。ほな、またあそこへ戻ろか」

「もう、私らを投げるように支払って。痛い思いしたで。あそこところへはもう戻らへんで」とお金たちが言っていませんか。

現実においては必ずしも順守されているとは言いませんが、日本では最低賃金というものが決められています。基本的には、何か仕事をすれば少なくとも一定の額のお金をもらうことができる世の中です。

わかりやすく言えば、3時間働くよりも8時間働いたほうが多く稼ぐことができる。1日24時間以上働くことはできませんが、人より稼ぎたければ人よりたくさん働けばいい。実に単純明快で、見方によっては「お金を稼ぐ」という行為は簡単なものなのです。

しかし、お金を稼いだら次は「使う」という行為が待っています。これがけっこう難しい。

あなたのもとに集まってきたお金は、人々の涙を吸ってやってきています。あなたがその場所で働かなければ、別の人が働き稼ぐことになっていたからです。

大企業の営業マンが月末に300万円の仕事をひとつ取ってきたとしましょう。その会社にとっては小さな仕事であるかもしれないけども、夫と妻とひとりの従業員でやっている零細企業にとっては、その仕事がひとつ入れば不渡りを出さずに済んだかもしれない。たったひとりの従業員を解雇せずに済んだかもしれない。会社をたたまずに済んだかもしれない。

大企業の営業マンは自分が取った仕事の裏でそんなことが起きているなんて、知る由もありません。きっと、世の中にはそんな話はあふれるくらいにあるでしょう。

では、人の涙を吸って集まってきたお金を手にした者は、どういった立ち居振る舞いをすればいいのでしょうか。それは、誰かが泣いて財布に入ってきたお金を、今度は笑って出してあげればいいのです。

お金に意志はありません。しかし、使う人の意志がお金に宿るのです。

まるで足が生えているかのように行ったり来たりすることから、お金を「お足」と呼ぶことがあります。お金には足が付いているのです。

自分の財布から出ていくお金に感謝の気持ちを宿すことができれば、その足でそのうちあなたのもとに戻ってくることでしょう。

Message 19

お金に意志はない。使う人の意志がお金に宿る。

自分の財布から出ていくお金に感謝の気持ちを宿すことができれば、そのうちあなたのもとに戻ってくることだろう。

20 反省する

借金するなら金融機関で借りなさい

今も昔も、身を持ち崩す多くは、酒かギャンブルが引き金になっているのではないでしょうか。年がら年中、酒を飲み続けているような人も実際にいますが、やはり人間の体なので限界というものがあります。

しかし、この「限界」という考え方が通用しないのがギャンブルの怖さです。借金地獄に自分から陥りたいという人などいるわけがありません。そこまで落ちてしまう前に止めればいいのにと思いますが、それができないものなのです。

私は博打をまったくしないので詳しいことはわかりませんが、はじめはみなさん手元にある自分のお金で博打を打つわけです。たとえば、１００万円あった全財産をすべて博打でスッてしまった人がいたとしましょう。

今度はその１００万円を取り戻すために金融機関で１００万円の借金をする。つまりこの時点でマイナス２００万円になっています。そして、２００万円を取り戻すために２００万円を借り、４００万円を取り戻すために４００万円を借り……と、借金は雪だるま式に際限なく増えていってしまうのです。

けれど、金融機関でお金を借りること自体は悪ではありません。それは、そういうシステムだから。ギャンブルが原因でなくても、お金がなければ借りないと仕方がないわけです。

それよりも少し質《たち》が悪い借金が、四方八方の知人・友人にお金を借りまくっているパターンです。金融機関からお金を借りているのなら、極論を言えば自己破産をして自分を犠牲にすればいい。しかし、知人・友人にお金を借りている場合は、ただただ周りの人に迷惑をかけてしまうだけなのです。

競馬でも何でもそうですが、馬は何にも悪くない。ボートも悪くない。当然、お金を貸してくれた知人・友人も悪くない。これはもう完全に自分だけが悪い。

それは本人もわかっていることなので、ある意味、反省しながらお金を借りているはずなんですね。

しかし、ときどき多額の借金をしているにもかかわらず、まったく反省すらしていない人がいる。それは誰かと言うと、中途半端に事業に手を出して、見事に失敗してしまった経営者です。

長年勤めた会社を祝福されながら引退して、ガッポリ退職金が出ました。時間があるぶん今度は自分のやりたいことをやろうと会社を興して夢を叶えたい。それは、自分が稼いできたお金なのですから、何をしようとけっこうです。

ただ、いけないのは明確な事業計画もなしに多額のお金をかけてしまう人。「今からあのギャンブルに一千万円賭けたいので貸してください」と銀行にお願いしても貸してくれるわけがありません。でも、「事業資金として一千万円が必要です」とお願いした場合には、事情がまったく変わってくる。そして、その場合、案外貸してくれる。

ギャンブルに注ぎ込むために金融機関で調達したお金には、後ろめたさという要素が含まれています。いや、もはや後ろめたさしかないでしょう。ですが、夢を実現するための事業資金には、借りたお金とはいえ後ろめたさなど微塵も含まれていないのです。

例えば、飲み屋さんで散財したとて、そこには働いている従業員さんもいれば、納入業者の酒屋さんやおしぼり屋さんもいる。「風が吹けば桶屋が儲かる」という話のように、その散財がまったく人の役に立っていないかというと、そんなわけがない。

むしろ、経済のことを考えるとお金をたんまり持っている人はどうぞ気兼ねなく散財してくださいという話になる。

事業が成功すれば何も言うことはありませんが、失敗したときにはギャンブルの予想を外したときよりもはるかに大きな損失となります。酒やギャンブルに狂うことよりも中途半端な事業欲こそが何倍も罪深く、究極の道楽であるということを忘れてはいけません。

Message 20

酒やギャンブルに狂うことよりも中途半端な事業欲こそが何倍も罪深いことを知ってほしい。

事業が成功すれば何も言うことはないが、明確な事業計画もなしに始めた事業に失敗したときには、ギャンブルの予想を外したときよりもはるかに大きな損失となる。

21 克服する

あなたは本当に貧困なのか？

日本は先進国でありながら、貧困問題が深刻化しています。

「相対的貧困」と呼ばれる、中間的な所得の半分（２０１８年時点で１２７万円）に満たない世帯は、１５・７％にも及んでいます。

貧困は孤独と密接な関係にあります。内閣官房孤独・孤立対策担当室による「人々のつながりに関する基礎調査（令和３年＝21年）」を見てみましょう。

まず、年齢別に見た孤独感を示したデータによると、「20～29歳」「30～39歳」がもっとも孤独を感じている人の割合が多く、以降は年齢が増すごとに孤独感は軽減されていきます。

さらに、世帯年収別に見た孤独感を示したデータによると、「１００万円未満」

の世帯がもっとも孤独を感じていて、こちらも世帯年収が増すごとに孤独感は綺麗に軽減されていきます。

つまり、働いてはいるけれど貧困に喘いでいる層がもっとも孤独を感じていることになる。

働いているにもかかわらず、収入が生活保護の水準（またはそれ以下）である「ワーキングプア」と呼ばれる層は、厚生労働省によると全労働者の約1割に達しています。

これは単なる偶然ではなく社会現象だと思っていて、国家が対策をしなければならない問題だとも思っています。

というのは、このままの状況が続けば、今孤独に苛まれている20代と30代はこの先もずっと孤独を抱えることになるからです。

歳を取れば孤独を克服できるわけではありません。むしろ、これから20代になる人たちも貧困に喘ぐことになるのであれば、社会全体の「孤独」はどんどん増えていくことになるでしょう。

国税庁の「令和3年分民間給与実態統計調査」によれば、給与所得を得ている人のうち年収が1000万円以上ある人の割合は全体のわずか5%だといいます。一方、厚生労働省の「令和3年 国民生活基礎調査の概況」によると、世帯年収で1000万円以上は12%に過ぎません。

夫婦ふたりで1000万円稼いでいればちょっといい生活ができているかもしれませんが、家の中は空っぽです。夫婦が共働きをしている家庭では、孤独を抱えるのは残された子どもになってしまうのです。

日本を取り巻く貧困問題が改善されれば、社会を包んでいる孤独感も減っていくかもしれませんが、あいにく今の政治にはあまり期待ができません。そこで思うのは、「執着」を捨てることで孤独感を減らすという考えが必要ではないかということです。

たとえば東京に住もうとなれば、どんなに狭い部屋でも家賃だけで平気で10万円は財布から毎月出ていってしまいます。

その「東京に対する執着」を捨てたとするならば、年収が300万円に満たなくても地方であれば十分に生活できるかもしれません。

何か特別な理由があって東京にいる人は、たとえお金がなくて生活に困っていても、本当のところは困っていないんです。

「バンド活動があるから正社員にはなれない。働けるときだけ働きたい」

そう話す月収15万円のバンドマンがいたとしたら、彼はたとえお金がなくてもそれはそれで幸福度は高いはずなのです。

あなたは何かに執着していませんか。何に執着しているのでしょうか。お金がないから困っているのではなく、自分の執着を満たすためのお金が足りないから困っているだけではないでしょうか。

Message 21

「執着」を減らすことで、孤独感を減らすことができる。

貧困は孤独と密接な関係にある。働いてはいるけれど貧困に喘いでいるワーキングプア層がもっとも孤独を感じている。執着を捨てることで、孤独感を減らす考え方が必要。

第5章

運のいい人は、運がよくなる理由がある

22
磨く

運がいい人は勘がいい人

「運がいい人はなぜ運がいいのか」

雑誌やネット記事で飽きるほど目にするテーマです。それほど、多くの人々が運のよさというものを渇望している証拠なのでしょう。

私はくじ運の悪さを幼い頃から自負していますが、こういった類の運に関してはもはやあれこれ考えても仕方がありません。それは、自らの努力ではどうにもならないものであるからです。

あなたの周りの人生がうまく回っている人たちを思い出してみてください。もし、思い当たる人が周りにいないのであれば、応援している芸能人や著名人でも構いません。

何をやっても失敗しない、何をやっても上手くいく。そういう人たちは、まごうことなく運のいい人なのですが、そういう人たちは「勘のいい人」と言い換えることもできるのだと思います。

勘というのは生きる上で非常に大切な能力です。その人に備わった本能で、一番初めに感じたことこそが重要であるのに、なぜか運の悪い人はその勘をないがしろにしてしまうのです。

「あなたが今１００万円を投資してくれると、30％の利益が必ず生まれます。利益の25％はお返しするので、一緒に25万円を儲けませんか」

「そんなうまい話があるの？」と疑いながらも、こんな儲け話に乗ってしまう人がいたとしましょう。

でもその人がこんな話を持ち掛けられたとしたら、どうなるでしょうか。

「あなたが今１００万円を投資してくれると、30％の利益が必ず生まれます。利益の30万円は恵まれない人たちの施設に寄付をして、元金はお返しします。なので、100万円を用意してください」

ほぼ間違いなく、「私に1円も入らないのなら結構です」と断ることでしょう。

なかには「素晴らしい活動だ」と引っかかってしまう人もいるかもしれませんが、「いいことをする代わりに手数料が3万円かかりますから、手元に戻るのは97万円です」と言われれば、騙されることはないはずです。

詐欺に遭い、お金を騙し取られてしまった人の多くが、「怪しいと思っていたんだけどね」という言葉を口にします。

なぜ、最初は怪しいと思っていたのに、最終的に失敗してしまうのでしょうか。それは、物事を勘ではなく、欲の眼鏡で見てしまっているからです。

色々な話を聞かされるうちに、薄い色の付いた欲の眼鏡を知らぬ間に何枚もかけさせられ、5枚も重なったときには色が濃くなり、前が見えない状態になっている。

初めに第六感で感じた勘を大事にしなければならない理由は、勘というものの正体を知れば理解ができます。

知識として持っている情報、その情報を分析する力、それともうひとつは自分の経験値。これらが揃って初めて、瞬間的に勘が働くのです。

我々人間に備わっている勘というのは、ただ単にこのサイコロを振ったら何の目が出るかといったような運任せのものではありません。数字を書いた鉛筆を転がして試験に合格する人なんていないのです。

そして、勘を磨くには訓練が必要です。ただそれは、チーターやライオンのように勘を研ぎ澄ませるという話ではなく、人間の場合、常に勘が働くように準備をしておかなければならないということです。

まずは情報を仕入れること。「世間では今、オレオレ詐欺というものが流行している」というニュースを見る。自分には一人息子がいるが、もう何年も会っていないので詐欺師からすると狙い目かもしれないという分析。近所の独居老人が最近オレオレ詐欺に引っかかってしまったという経験。

そしてある日突然、知らない男から電話がかかってきて、受話器の向こうで「オレ、オレなんだけどさ……」という声が聞こえたときに、一瞬で勘というものが働くのです。

Message 22

勘を磨くには、情報の分析力、経験値が必要。

知識として持っている情報、その情報を分析する力、自分の経験値。これらが揃って初めて、瞬間的に勘が働く。

23
奇跡

「運がよくなる資格」を持っている人

「運のいい人」は「勘のいい人」と言い換えることができると言いましたが、少し視点を変えて運というものを考えてみましょう。運の捉え方次第で、人生の幸福度は変わるかもしれないというお話です。

まず、運というものは一体何なのか。それは、ミラクルな出来事がたくさん起こること。または、チャンスが自分のもとにたくさん舞い降りてくること。

両者を日本語に訳してみましょう。「ミラクル」は「奇跡」と訳すことができるので、奇跡な出来事がたくさん起きれば運がいいと言えますよね。

「チャンス」はたまたまめぐってくる事態、いわば「偶然」です。意図していなかった物事が起きたり、出会いが起きたりすることです。

でも、偶然がたくさん舞い降りてきても、それを運がいいと言う人はあまりいないですよね。

同じように、日本人が「チャンスに恵まれた」と言うとき、果たして「偶然」と訳すでしょうか。おそらく日本人は、「こんなことが起きてほしい」と思っていたところにちょうど求めていたものがやってきたときに、「チャンスに恵まれた」という言葉を使います。

つまり、私たちはチャンスという言葉を「偶然」という意味ではなく、「奇跡」という意味で捉えているということです。

そうなると、私たちのとっての「運のよさ」というものは非常にハードルが高く、予想もしていないミラクルな出来事が起きない限りは、「自分は運がいい」などと思うことができなくなっているのです。

私は小さな出来事もすべて奇跡だと思っています。身の周りにあふれている「偶然」という言葉を、すべて「奇跡」に置き換えて考えることができれば、これ以上ハッピーなことはないだろうと思うのです。

人智の及ばない遠い存在（神様なのか仏様なのか、はたまたサムシング・グレートなのかはわかりませんが）に導かれた結果、自分にとってハッピーな出来事が起きたとき、人はそれを奇跡と呼びます。

自分の周りには、大きい奇跡、中くらいの奇跡、小さい奇跡とあると思いますが、小さい奇跡というものは結構たくさんありませんか？

「偶然」を「奇跡」に置き換えて、そしてそれが少しでも自分にとってハッピーな出来事なのかを振り返ってみれば、奇跡のポイント数が一気に増えませんか？

大きい、小さいで無意識に分けてしまっているだけであって、あなたには1日に何度も奇跡が起きている。

1日に何百本と走っている電車の中で、何年も会ってなかった友人と偶然再会をする。それも15両もある中のひとつ、さらに4つあるドアのうちひとつの前で。

それを単なる偶然と言う人もいるだろうけど、それを奇跡であると考えるだけで、旧友との出会いが、5倍も10倍も嬉しいことになるんじゃないでしょうか。

そして、「偶然」を「奇跡」だと考えられるようになると、あなたの「運」は格段によくなります。運というのはいわば、奇跡と一緒でそのへんにたくさん転がっているものです。

よく、「運をつかむ」「運の神様の前髪をつかむ」などと言いますが、要するにつかむ行為をしなくてはならない。

しかし、偶然を奇跡と認識できているかというお話と同じで、そのへんに転がっている小さな運たちを、自分に幸運をもたらす運であると認識しないことにはつかむことなどできないのです。

つまり、運がいい人というのは、自分の周りに常にアンテナを立て、運を見落とさないようにし、そして自分の人生にプラスになるものだと思うことができる人なのです。

だから世の中のすべての人が、「運がよくなる資格」というものは生まれながらに持ち合わせているはずなのです。

Message 23

「偶然」を「奇跡」と考えられるようになると、あなたの「運」は格段によくなる。

運がいい人とは、自分の周りに常にアンテナを立て、運を見落とさないようにし、自分の人生にプラスになると思うことができる人。

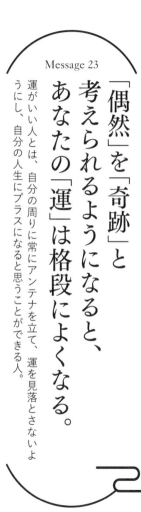

24 奉仕する

日本人はボランティア活動を「いいこと」だと勘違いしている

業績が落ち続ける大企業によく見られるのが、「社長」だの、「会長」だの、「顧問」だの、「最高顧問」だの、何代も前の役員がズラリと役員席に座り続けている状態。これではたとえ社長が替わったとしても、新陳代謝ができておらず何も意味がありません。組織における権力というのは、尽きるところ「金」と「人事」。この両方をいつになっても手放さず、振り回しているような大人こそ、まさに老害です。

すべて生き物は何をどうしても、すべての面で老います。その老いを認めず、いつまでも権力に固執しているようでは本当の意味ではいい老後は送れない。どうせなら、老いは楽しみたいところです。

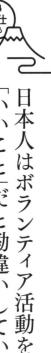

格好のよいことを言うと、今までお世話になった社会に対して奉仕をするということはやっぱり大事です。

医学の進歩と栄養価の高い食事などで、私たちの平均寿命は著しく伸びています。それは、人間の自力によるものではなく、技術や環境など様々な産物のおかげによるものです。

ということは、それらの恩恵にあずかって「余力の時間」を与えられているのですから、それに対する恩返し、奉仕は必要ですよね。

引退するまで技術者として生きてきた人であれば、その人だけが持っている技術がある。

たとえば、日本の旋盤加工の技術には世界最高峰のものがあります。鏡面を磨き上げる技術などもそうです。

彼らの技術によって生み出されたモノは、「綺麗」を通り越して「美しい」。そんな技術を持っている彼らのゴツゴツした拳と指先も、また美しい。それは、いくら有名な大学を出ても、名門の工学部を出ても、できることではありません。

やっぱり若い衆はおじさんには敵わないのです。

そういった長年の経験から培われた技術は、何も旋盤加工だけではありません。いろいろな業界に存在します。今まではその技術をもってお金を稼いできたわけですが、あるときからは、それを後世に伝承するための時間を社会に奉仕するのです。

日本人はボランティア活動が誠に下手です。

なぜかと言えば、日本人はボランティア活動を「いいこと」だと勘違いしているからです。困っている人を助けるのは当たり前のことで、ある意味義務でもあります。

それなのに、ボランティア活動と自己満足を混在して考えてしまうケースもある。

よくいるのは、ちょっと歌が上手いからといって、演歌のCDを1枚か2枚出した人。そういったマーケットで一儲けしている企画会社もあるくらいです。それでもういっぱしの演歌歌手気取りになってしまって、老人ホームなどに慰問に行くわけです。

その自称演歌歌手にとっては年に1回の晴れ舞台かもしれないけれど、老人ホームにいる利用者たちからしたら、そんな人が毎日のように来る。

お昼ご飯の時間が終わると、「○○○○カラオケクラブの皆さんに来ていただいていますので、ホールへお集りください」なんて館内放送が流れる。

すると、「今日もかよ」「午後くらいゆっくりさせてほしい」なんて声が聞こえてくるわけです。

こうなってしまうとボランティア活動とは呼べません。もはや、老人ホームの皆様は自称演歌歌手の歌を聴くボランティア活動をしているという逆転現象が起きていると言ってもいい。

本当のボランティア活動というのは、「あの人はどんなに雨が降ろうと毎週水曜日になると午前中の2時間だけ必ず来てくれて、何も言わずに利用者さんたちの洗濯物を全部畳んで何も言わずに帰っていくのよ」と言われるようなものでなければなりません。

ひょっとすると、ある水曜日に別の予定が入るかもしれないけど、それを断ってきちっと決まった時間にホームに行く。そして、そのときに自分のできることをできる量だけきちっとやる。

先週は気分がいいから200枚畳んだけど今週は気分が悪いから10枚にしておいた、ではダメなわけです。自分の気分のいいときにだけやって来て、ワーッと灰を撒くような活動はボランティア活動とは言えません。

「先週は来なかった代わりに、今週は3人連れて行きますから」

これも奉仕される側としては困る。

「今週は3人連れて来たんですから、何か4人分の仕事はないですか」なんて言われたら、手間がかかって仕方ありません。

こうなってしまえば、「私にはまだ何かできる」と空回りしたありがた迷惑以外のなにものでもなく、それこそ煙たがられてしまいます。

ボランティア活動というものは、あてにされなくてはいけないのです。

しかし、これはなかなか万人ができることではありません。やろうとしても、やはり空回りしてしまう人が多い。私もできる自信がありません。

そんな人でもできることが、寄付です。

「どうぞ困ったときに自由に使ってください」と寄付する。何に使われているかなど、把握しなくていい。

下手なボランティア活動よりは喜ばれますし、社会に対して恩を返すことができるでしょう。

Message 24

ボランティア活動とは、あてにされなくてはいけないもの。

日本人はボランティア活動を「いいこと」だと勘違いしている。困っている人を助けるのは当たり前のことで、ある意味義務でもある。

25 披露

結婚式は親のもの

生き方と言われればそれまでかもしれませんが、私は沖縄であろうと北海道であろうと長野の山奥であろうと、どんなことがあっても冠婚葬祭には駆け付けます。

冠婚葬祭とは人生の四大儀礼です。

「冠」は昔の元服を意味し、今でいう成人式。「婚」と「葬」はそれぞれ結婚式と葬式であります。「祭」は先祖をまつる儀式。法事や法要、お盆やお彼岸のことを指します。

日本人はこの四大儀礼を大切にしてきました。だから、呼ばれたら、よっぽどのことがない限り出席するのが常識ですよね。

最近はとくに結婚式の重要性というものが下がっているように感じます。呼ばれればみんな行くのですが、そもそも結婚式を挙げないという人が増えているのです。ここではまず、結婚式をなぜ挙げるのかについて、考えてみたいと思います。経済的合理性から見れば、準備に時間がかかるわ、労力は使うわ、お金はかかるわで、結婚式を挙げない選択肢もあるかもしれません。

だからといって挙げないようであれば、それは結婚式の本質を理解できていません。もし、これまでの人生を自分たちだけの力で生きてきたと堂々と言えるのなら、挙げなくてもいい。けれど、そんな人間はどこにも存在しないのです。

親はもちろん、親戚のおじさん、おばさんに可愛がられ、友人たちや職場の仲間と仲よくしたり、助けられてここまでやってきた。結婚式というのは、一家を成すという人生の節目に、「お世話になりました。今後とも宜しくお願い致します」という謙虚な気持ちを周りの人々に示すためのものであります。

その挨拶がないということであれば、それはもう「失礼千万」と言っても過言ではありません。

30歳で結婚式を挙げたとすれば、人生の３分の１で築き上げた人間関係を確認することができる。どんなに大変な思いをして結婚式の当日を迎えたとしても、出席表に並ぶ人々の名前を見たときに、ひとりひとりの顔と感謝の気持ちが浮かぶわけです。

また、結婚式は「ここまで立派に子どもを育てました」という親の発表会でもあります。

「よかったじゃないか。いい人と一緒になれて」

「あんたも苦労したけど、苦労のしがいがあったね」

そう親が褒めてもらうための場でもある。だから親に、「お金も少し出すから、結婚式を挙げないか」と言われたときには、「結婚式は親のもの」だと思って黙って準備を始めてください。

Message 25

結婚式は「ここまで立派に子どもを育てました」という親の発表会でもある。

結婚式は、一家を成す人生の節目に、「お世話になりました。今後とも宜しくお願いいいたします」と謙虚な気持ちを周りの人々に示すためのもの。

26
作法

「いただきます」は誰に対して言っているのか

子どもの頃にその作法を学び、死ぬ直前までその人となりを表すのが食事のマナーではないでしょうか。

作法を学ぶには本質を知っておかないとなりません。実際のところ、大人でも「いただきます」と「ごちそうさま」の意味をしっかり理解している人は少ないように思います。

まずはそこから子どもに教えてあげる必要があるのではないでしょうか。

「いただきます」と「ごちそうさま」は、伝える対象が異なります。

「いただきます」というのは、皆さんがイメージしているであろう「命」に対する感謝の言葉です。人間は命を潰さないと生きていくことができません。

食卓には牛や豚や鶏だけでなく、キュウリやダイコンなどの野菜も並びます。言葉は話さないだけで野菜にも命があります。ひょっとしたら包丁で切られるときに、「ギャッ、痛い」と言っているかもわからない。

声なきものには意思がないというわけではないのです。野菜や果物にも命は宿っているのです。

その命を潰すことは人間が生きるうえでの宿命であります。他の命をいただいて、わが命を延ばす。だから私たちは明日も生きることができる。それは否定する必要はないし、むしろ否定することはできないのです。ゆえに、いただいた命は大切にしなければならないという考えに行き着くのです。

「ごちそうさま」というのは、その食材に関わった人たち、その料理を作ってくれた人たちに対する感謝の言葉です。

ニュルニュルと動き回っている鰻を目の前に置かれて、「どうぞ、召し上がれ」と言われても困ってしまいます。立派な牛を1頭、目の前まで引かれて、「1頭

2000万円はするんでね、好きにどうぞ」と言われてもなす術がありません。

「ご馳走」の「馳」と「走」という字は、どちらも「はしる」という意味があります。

つまり、「ご馳走」というのは、いろんな人たちがあなたの健康を願いながらあちこちをはしり回って作られたものなのです。

家庭においては、お母さんが家族の健康や笑顔を思いながら、献立てを考え、味付けをして、おいしそうに盛りつけて食卓を飾ってくれます。まさに、はしり回るごとくお料理してくれますね。

その違いを理解していないことには言葉に気持ちは宿らないのであります。

この話をある田舎の喫茶店のマスターにしたところ、やけに感動されてしまい、私はひとつの歌を即興で作りました。

「海山の尊き命いただきてこの身に宿る神の御恵み（いただきます）

手を尽くし技を重ねて整える作りし人の心嬉しき（ごちそうさま）」

この歌を店に置いてあったカレンダーの裏に書いてマスターに渡すと、マスターはそれを壁に張りました。

以降訪れた客が一様に「これはどういう意味か」と尋ねるというのです。マスターが毎回、丁寧にその意味を説明し続けると、今まで閑古鳥が鳴いていた店が人が入れないほどに繁盛しました。

「いただきます」と「ごちそうさま」。その言葉の本質を理解したことで食に対する意識が変わったよい一例のように思います。

Message 26

「いただきます」は「命」に対する感謝の言葉。

命を潰すことは人間が生きるうえでの宿命。だから私たちは明日も生きることができる。ゆえに、いただいた命は大切にしなければならないという考えに行き着く。

27
伝承する

歴史を軽んじてはいけない

世界を見渡すと実に多くの国が大きな成長を遂げています。しかし、私たちの国である日本は、このところろいい話が本当にありません。戦後から振り返ってみると、今が底であるような気さえしています。

だからこそ、今を生きている私たちがどんな指針を示すかによって今後は大きく変わるはずです。お金とは何なのか、国とは何なのか、幸せとは何なのか、人生とは何なのか。ひとりの人間に与えられた時間は果たして長いのか短いのか、それをどう使うのか。

そういったものを全部含め、改めて価値観を検証し直さなければならない時期に来ているように思うのです。

ひとつめの石を真っ直ぐ正しい方向に置かないことには、それがたとえわずかでもズレていれば、積めば積むほどに歪みは広がり、いつかは倒れてしまいます。あえて言わせてもらうなら、未来だけを見るのではなく、過去の歴史を十分に見たうえで一石を置くということが重要であります。

私たちは歴史を軽んじているのではないでしょうか。未来のことばかり見ることに熱心になりすぎてはいないでしょうか。過去を振り返り、古いこと、昔のこと、そういうものを未来の参考にすることを、遅れた考えだとみなしがちではないでしょうか。

歴史の知恵を拝借して、最初の礎石を水平に置かなければ、また未来は狂ってしまいます。

東日本大震災で福島第一原発は東北地方に甚大な被害をもたらしましたが、震源地からもっとも近かった女川原発は無傷でした。女川原発は東北電力の発電所で、福島第一原発は東京電力の発電所です。福島第一原発はイギリスの設計図をそのまま写して造られたようなものでした。

　女川原発を建設する際、当初は福島第一原発と同じように海面スレスレに建てる計画でした。要するに冷却水が取りやすいからです。しかし、そこに異を唱えたひとりの宮城県議会議員がいました。その議員はこう必死で訴えたのです。

「歴史的にここには大きな津波が来る」

　大きな津波が前回いつ来たかというと、貞観11年。千年以上も前のことです。みんな相手にしませんでした。なぜなら原発の標高を上げればそれだけ冷却水を取るためにエネルギーがいるわけで、莫大な追加予算がかかるからです。

　頑なに訴えを続ける県議会議員の言葉に耳を傾けたのが、元東北電力の副社長だった人物でした。そして、地理学者や歴史学者をふくめたチームで再度検証がなされ、貞観11年の寸法を現代の寸法に直し、さらに1・5倍をかけた高さを確保したのです。

　なおかつ、津波が来ると波が引いたときに水位がガクッと下がり、冷却水が吸い上げられなくなります。その危険性も考慮して、水位が上がらなくても冷却水を確保できるプールを備え付けました。

福島第一原発があれだけの大災害を生んだ一方で、女川原発の体育館は最大364人の地域住民を収容する避難所として約3カ月の間、稼働したのです。

宮城県気仙沼市に「琴平神社」があります。冬になると車で上がれないくらいに急な坂を登った崖の上にある小さな神社ですが、海は目の前です。しかし、津波のときは石灯籠の上の擬宝珠がちょっとずれただけにすぎませんでした。

その崖こそが結界だったのです。結局、それより下の土地は人間の棲む場所ではなかったということです。すなわち海の場所、龍王の棲む場所だったものを、人間はそれを忘れて自分たちのものにしてしまった。

そういった類の跡は、日本各地に残っているわけです。それらを理解し、守り、伝承していかねばならないものを、「昔のことは昔のこと」と片付けてしまってはいないでしょうか。非科学的な話かもしれませんが、むしろそれこそが私たちに残された重要なデータであるということを認識すべきです。
東北電力の教えじゃないけれども、歴史は軽んじずに振り返り、検証するものです。今まで積み重ねられた英知と歴史と経験を、私たちは宝の持ち腐れにしてはいけないと思うのです。

Message 27

歴史の知恵を借りて、最初の礎石を水平に置かなければ、未来は狂ってしまう。

未来だけを見るのではなく、過去の歴史を十分に見たうえで一石を置くということが重要。

28 予言する

「予知能力」は養える

世界各国の成長に取り残されている状況である日本のトップの方々を見て思うのは、「予知能力」が足りていないということです。

予知能力といってもスピリチュアルの話をしているわけではありません。彼らは、たんなる「ヤマ勘」とは違う「勘」が働いていないのです。

勘が働くにはそこに至るまでの膨大な経験とデータが必要不可欠になります。それらが備わっているからこそ、最後にひらめきが生まれます。何もしていないのに突然ひらめく人間などいません。

そして、何か大きな問題に当たったときに、「こうしたらいい方向に向かうはずだ」という予知ができるようになるのです。

国のトップに立つ人間の役割は、未来に向けていま何をすべきかを決めることです。現状を回していく作業はトップ以外の人間たちで十分できます。トップの人間はその決定の先に何が待っているかを予知しないといけません。

この予知能力はほかにも「クリエイティブ」とも言い換えることができます。トーマス・エジソン、スティーブ・ジョブズなどはクリエイティブな人間の最たるものですが、彼らが残した功績を見ると完全に予知能力を備えています。

漫画家の手塚治虫さんもそうです。「鉄腕アトム」を読んでみると、彼は予知夢でも見たのではないかと思うほどです。そういう方々が仮に国のトップに立ったとしたら、社会は大きく変わるのではないでしょうか。

1901年1月、報知新聞に掲載された記事に「二十世紀の豫言」というものがあります。その記事には、科学、医療、気候、日常生活などに関して23個の予言が記されています。

・ロンドンやニューヨークにいる友人と自由に対話できる
・東京－神戸間は2時間半で結ばれる

といった予言のほかにも、現在の世界を見てみると半分近くが的中しています。

現在の日本では、このような議論が果たして活発に行われているでしょうか。

現状起きている問題に対処するだけで精一杯。「何が起きるかよくわからないけど、とりあえずやってみましょう」というのはあり得ない話です。その予知ができていないから「何もできない」状況に陥っているのでしょう。

日本のトップは「脱炭素」などいくつかの目標を掲げてはいますが、これはあくまで目標であり、予知ではありません。

政界も経済界も学術界もすべて同じです。現在起きている問題を前に頭を抱えるだけではなく、「未来はこうなるのではないか」という、明るく楽しい議論もしていいのではないでしょうか。

いまの政治家を見ていると、「検討します」が口癖です。ニュースが流れるたびに誰かが言っているような気がします。

さらに日本のトップは、「検討を加速します」「緊張感を持って対応します」「注視していく」「あらゆる選択肢を排除しない」といった言葉も多用するようになりました。

どれも結局は何もしておらず、ただの言葉遊びに終始しています。よく、そんな時間とお金があるものだと思いますが、逆に言えば言葉遊びができているうちは平和とも言えます。

しかしそれでは、「事なかれ主義」で目先の評価ばかりを気にしているようにしか見えませんし、何より進歩がありません。

決定権を持つ人間は20年後、30年後に、その決定が恥ずかしい評価を受けるものではないという確固たる信念と自信を持たなければいけません。

要するに、「今評価されること」を追い求めてはいけないということです。自分の評価というものは現時点における評価がすべてではありません。予知能力が求められる場合はむしろ後々になって評価されることを目指さなければならないと思うのです。

今は最低評価かもわからないけども、30年後に「あのときの判断が正しかった」と言われるのだと信じなければならない。そのくらいの信念と自信を持って行動する胆力を持ってほしいし、それがないなら国のトップになど立ってくれるなと強く思います。

Message 28

勘が働くには膨大な経験とデータが必要不可欠。

膨大な経験とデータが備わっているからこそ、最後にひらめきが生まれる。何もしていないのに突然ひらめく人間などいない。

第6章

富士山信仰とは何か

29
感謝する

人はなぜ富士山に感謝するのか

　私が管長を務める神道扶桑教は、「地底より天空へ息吹なす富士山こそ、天地結霊の御柱・萬本の根源である」という富士道の教えに基づいた教派神道であります。私たちは神徳の顕現と宣教のため、富士道伝承の御山神事（富士登拝）として、「六根清浄お山は晴天」と唱えながら、一歩一歩富士山を登っておりますが、各界のトップの方々にはこの富士山を愛してやまない人が多いのです。

　とくに企業の社長さんたちには富士山の写真や絵画を応接室に飾る方が目立ちますが、なぜ一流の人たちほど富士山に愛着を持って接しているのでしょうか。それには、私なりの考えがあります。

　彼らが富士山に抱く心には、日本一秀麗で美しい山であるという美に対する憧れがあります。また一方で、美しくはあるけれども本来は火を噴く恐ろしい山であるという力に対する恐怖と強さへの憧れに対し、畏敬の思いも抱いているのです。

大きな噴火が起こると、とくに農作物へ大きな影響を与えます。灰が降り、田んぼや畑に舞い、農作物が台無しになるという甚大な被害が起こるのです。

富士山の噴火はやはり我々にとっては恐ろしいものであり、できることなら噴火しないでもらいたい。そして、その自然の強さを前にすると、私たちは何もなす術がありません。

そのため、今から１０００年前の富士信仰の祈りというのは、下から富士山を拝んでいたんです。あくまでも下から拝んでいた。荒々しい面はどうか抑えてくださいという祈りだったわけですね。

しかし、見るからに誠に美しい山なので、そこにはきっと神様がいらっしゃるに違いない。人間としてはそう思ってしまうのでしょう。

そして、元亀3年（1542年）6月3日に、藤原角行《かくぎょう》様という方が、史実上、初めて富士山の頂上に立たれました。

美しい神様がいらっしゃるあの山に少しでも近づきたい。神様に近づいて願いを聞いてもらいたい。それを機に、神様のお体に触れ、神様の体の中に我が身を包み込んでもらうために、実際に山に登って拝むという信仰形態に変化していきました。

今でも東京には「富士見坂」や「富士見橋」といった富士山に関連した地名が多く見られます。それは神様が宿る山に守られながら私たちは生きているという、江戸時代の人々の気持ちの表れでもあります。

当然、当時の江戸にいた人々も、富士山に登り神様の元へいきたいと思ったことでしょう。しかし、なにせあまりに遠く、ひとりで行くとなると莫大なお金もかかってくる。

その願いのほとんどが安産と発育でした。というのも、そのぐらい安産と発育というのは当時としては難しいことだったのでしょう。つまり願いの元はご婦人が多いわけで、なおさら自分では富士山へ行けません。

そこで、みんなで毎月掛け金を集めて、貯まったお金をもって代表者たちがお参りに行き、大人数の願いを代わりに届けることにしました。

これが「富士講」です。

「江戸八百八町に、八百八講あり、講中八万人」と言われるぐらい、大変に賑わったそうです。

日本橋から甲州街道を歩き、高尾山の蛇滝《じゃたき》で滝行をして身を清め、ここから精進潔斎が始まります。そして高尾山を登り、相模湖の弁天橋に降りる。山梨県に入り猿橋を渡り、富士吉田に到着します。

しかし、そこには楽しみもありました。富士山に登るまでは精進ですが、山を降りたら精進落としをするわけです。真面目な講者はそのまま甲州街道を通って帰るけれど、ちょっとお金があったりする講者は寄り道をしていました。

富士吉田から須走《すばしり》へ降り、それから足柄山のところにある最乗寺へ寄る。すると、平塚に寄れるわけです。昔の平塚は大変賑やかな街でしたので、そこで精進落としをするのです。

それから小田原大山の「阿夫利《あふり》神社」へ行って、なおかつさらに藤沢から江の島へ出て、最後の夜を楽しみました。どんちゃん騒ぎをして飲むだけ飲んで、騒ぐだけ騒いで、浮世のうさを晴らして、翌朝、品川から日本橋へ向かって帰っていくのです。

富士山には、美しさ、恐ろしさ、強さという三拍子が揃っており、長らく人々にとっては特別な象徴として存在していました。そのパワーにあやかりたいというのは、周りを率いる人間にとっては自然な気持ちではないでしょうか。

そのうえで、三拍子の中にすべてを包み込む慈悲のようなものさえ感じる。ただツンと美しく、逞しいだけではないのです。

同時に富士山は日本列島のちょうど真ん中に位置します。つまり、富士山に手を合わせるということは、日本をひとつの体として見たときにその胸の上で手を合わせているような意味を持つことにもなるのです。

とはいえ富士山への愛着は何も各界のトップの方たちだけが持っているものではありません。日本人であれば、新幹線や飛行機の窓から見えた富士山にありがたみを感じたことがあるのではないでしょうか。

富士山は火の山であり水の山であります。富士山頂は日本でもっとも標高の高い場所ですから、そこに降り注いだ雨は平等に低いところへ流れて行きます。日本全国が富士山頂に降った雨、積もった雪の恩恵に預かっているのです。

富士山の八合目には、蓬萊山八大龍王権現という神様が祀られています。その神様は雨や水などを司る龍神様です。私たちはその龍神様を水配《みくま》りの龍神様と呼んでいます。

なぜかというと、富士山の五合目より上には木々が生えていません。木々が生えないということは、水がないということです。降り注いだ雨や雪は、富士山からその恵みを全国各地に差配しているのです。

日本全国各地にはたくさんの山があり、たくさんの森があります。その山と森が私たちの命の根源である水を貯え、そして流し、多くの生命を育み、育てています。富士山というのは、それらを代表する象徴として、私たちの前に存在している。

水は生きとし生ける物たちの命の根源であります。我々の命を繋ぎとめる水を、富士山が平等に配ってくれているのであります。

しかし残念ながら、他国においてはこの水が誠に少ない国土もたくさんあることは事実です。ゆえに、日本人は日本という国から与えられた素晴らしき国土に、感謝をしなければならないのです。

Message 29

神様が宿る山に守られながら私たちは生きている。

日本全国各地にはたくさんの山があり、たくさんの森がある。その山と森が私たちの命の根源である水を貯え、流し、多くの生命を育んでいる。富士山は、その象徴として、私たちの前に存在している。

30 祈願

神様に祈る前に まずは詫びなさい

神社へお参りに来るみなさんは大概、神様への願いごとがあって足を運びにきます。

「事業の成功」「合格祈願」「身体健全」、いろいろな願いごとがありますよね。

前の章でも綴った通り、人は生まれるときは何ひとつ身に着けることなく丸裸で母親のお腹から出てきます。この平等だけは与えられています。

しかし、生まれて数時間で亡くなる子もいれば、そのまますくすくと成長して１００歳まで生き、たくさんの時間を使うことができる人もいる。

なかには5円玉1枚を握りしめて、「あれもこれも」と神様にお願いをしに来る人もいます。いまどき5円で何が買えますか。悪いけどそういう話です。そんなとき、私はよくこんな話をします。

神様はあなたにいろんな機能を与えてくださっています。神道の世界には「六根清浄」という言葉があります。六根というのは目、耳、鼻、舌、体、心。視覚、聴覚、嗅覚、味覚、触覚、そして心です。

我々人間はこの六つの根源から成り立っています。なかには生まれながらに目が見えなかったり、耳が聞こえなかったりする人もいるけれども、その場合には、その人の他の感覚が能力を補います。

では私たちは一体、与えられた機能をどれほど毎日使えているでしょうか。

みなさんのポケットにはおそらく1台のスマートフォンが入っているでしょう。スマートフォンには数えきれないほどの機能が搭載されていますが、きっと私もそのうちの3％ほどしか使えていません。

使いこなせている機能など、通話とメールとＬＩＮＥと検索。この程度です。10万円近くする最新のマシンを完全に活用している人などほとんどいないはずです。

だけど私たちは一番いいマシンを欲するから、それが売れている。本当にその機能を欲しているけれど売り切れて買えなかったという一部の人からすれば、「支障はないでしょうから、私の安いマシンと変えてもらえませんか」と言いたくなることでしょう。

目が見えない人からすればあなたは、「そんなに目が見えるのにちゃんと物事を見てないでしょう」と映るかもしれません。耳が聞こえない人からすればあなたは「そんなに耳が聞こえるのに人の話を聞いとらんでしょう」と映るかもしれません。

私は、「自分に備わった能力をどれだけ使えていますか」と、人に突然聞くことがあります。するとほとんどの人は、「半分も使えていない」と言います。なかには「10%くらいかな」と答える人もいます。

「今日一日であなたはどれだけ自分の能力を使いましたか」と聞くと、ほとんど使っていない。いつものように仕事はしているけれど、本当に一生懸命仕事をしたでしょうか。

「いままで出会った人たちとすべてちゃんと向き合ってきましたか」と聞くと、まず「はい」と答えられる人はいないでしょう。

「神様が与えてくれた体と心の機能をどれだけ使っていますか」と聞かれたときに、「すべて使っています」と答えられないのであれば、願いごとをする前にまずは「ごめんなさい」でしょう。

そう自分で自分に問わなくてはなりません。そして、詫びて、詫びて、詫びるなかに、やっと祈りというものが出てくるのです。

私も含め、人間は本当にいい加減な生き物で、人にものを頼むときはみんな軽い気持ちで頼みます。でも、してもらったことに対して意外とお礼ができていないものです。

とはいえ、頼まれたほうは忘れていません。だから、詫びと同時にもうひとつ言えるのは、神様に願いごとをする前に、感謝の意を伝えることです。詫びと感謝です。自分を顧みるという気持ちがないことには、祈りにならないのです。

Message 30

神様に願いごとをする前に、お詫びと感謝の意を伝える。

神様が与えてくれた体と心の機能を「すべて使っています」と答えられないのであれば、願いごとをする前にまずは詫びること。そして感謝すること。

31
神職

神道扶桑教との出会い

私の先祖である「岡野家」は代々、香川県の高松市で神道扶桑教の分祠を預かる「総代」と呼ばれる神社の世話人のような立場にありました。小さい頃から扶桑教の神社によく連れて行かれていましたが、もっとも古い記憶は私が３歳のときです。

その神社は高松市の生六宮《みろくぐう》というところで、神道扶桑教の香川県支部のような場所でした。今でこそ建て替えによって小綺麗になっていますが、当時は、床は黒光りし、囲炉裏には薪がくべられ、空間には煤が舞い、昼であってもなお暗く、子どもにとってはおどろおどろしい場所でした。

しかし、そこで祖父母の本当に素朴な祈りを目の当たりにしていたこともあり、手を合わせる行為に対しては当時から違和感なく受け入れていたように思います。

その後、学生時代を過ごしていく中で、行事に顔を出すことはありましたが、信仰との距離はそこまで近くありませんでした。

大学を出て地元に戻ったとき、祖母に「教導職（神職）の資格を受けたらどうか」と提言を受けます。

それが神道を学ぶはじめとなりました。

幼少期に私が祖父母から受けた影響にはとても大きなものがあったのだと振り返ることができます。

今振り返るに、彼らの信仰は、決して華美でない質素でなおかつ簡素なものでした。その姿を思うと、私は宗教団体のリーダーという立場でありながら、巨大な本殿といったようなものに何の興味も抱かないのです。

世の中には大きな本堂を構えた宗教団体がたくさんあります。それだけ多くの信徒さんを迎えることでもありますし、それはそれで誠に尊く、リスペクトもしています。しかし自分に顧みてみると、私に根づいている信仰というのは、これくらいがちょうどいいのです。

「ちょうどいい」という言葉は自分の価値観を定める上でとても重要なものだと思っています。信仰に限らず組織のトップに立つのならば、組織を大きくし、世間様に認知を広めるという使命を感じると思います。

ひたすら売り上げを伸ばしていき、いずれは自社ビルを一等地に建てるといった目標があるからこそ、努力をする面もあると思います。

一方で、京都の商家さんがよく言う、「お店と屏風は広げたらあきまへん。広げすぎたら倒れますさかい」という考え方もあるのです。

それは、いいものを、品質を変えずに絶えず必要な方々にきちっと提供ができる努力をするということ。数百年、長きにわたって同じものを同じように作り続けるというたゆまぬ努力には最大の尊敬を抱きます。

Message 31

「ちょうどいい」という言葉は、とても重要なもの。

組織を大きくし、世間様に認知を広める努力も尊いが、数百年変わらずに同じものを作り続ける努力も尊い。

本書は、書下ろしです。

※「冨士講」は、神道扶桑教では本来、「冨」という文字を使用しますが、本書では、著者の了解のもとに、常用漢字の「富」の字を使用しています。

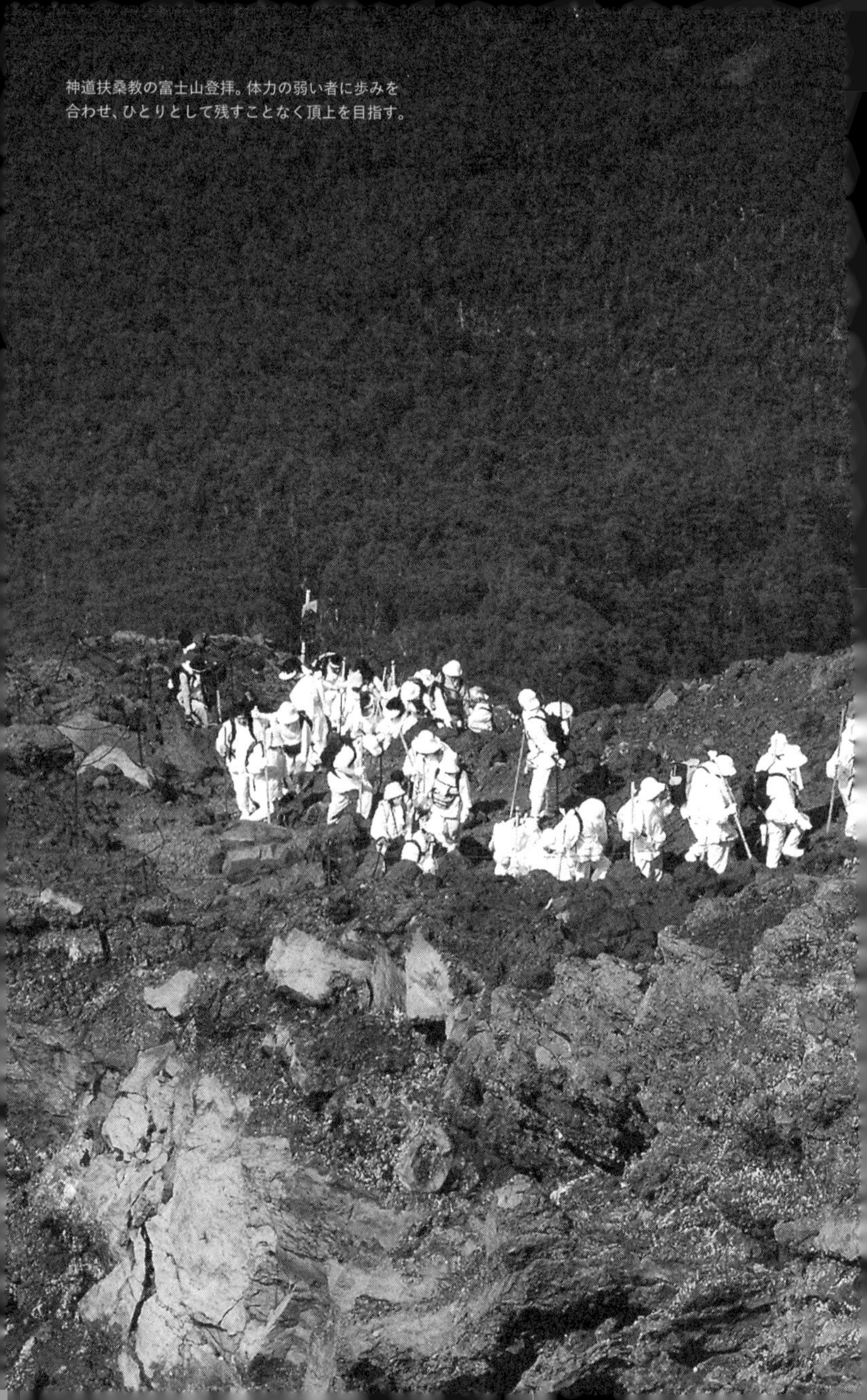

神道扶桑教の富士山登拝。体力の弱い者に歩みを
合わせ、ひとりとして残すことなく頂上を目指す。

運《うん》をつかむ心のほぐし方《かた》

2023年11月4日　第1刷発行

著　者	宍野史和《ししのふみお》
発行者	鈴木勝彦
発行所	株式会社プレジデント社 〒102-8641 東京都千代田区平河町2-16-1 平河町森タワー13F
電話	03-3237-3731（販売） 03-3237-3746（出版事業室）
ホームページ	https://president.jp https://presidentstore.jp
ブックデザイン	ニルソンデザイン事務所　望月昭秀　村井 秀
カバー・イラスト	樋口たつ乃
販　売	桂木栄一　高橋 徹　川井田美景　森田 巌 末吉秀樹　庄司俊昭
編　集	髙田 功
制　作	小池 哉
構　成	國友俊介
印刷・製本	中央精版印刷株式会社

ISBN978-4-8334-5189-5
Printed in Japan

JASRAC 出 2307710-301